Boethius

AF146069

Tröstungen der Philosophie

Anicius Manlius Torquatus Severinus Boethius

Trost der Philosophie

Bibliographische Informationen der Deutschen Nationalbibliothek
Die Deutsche Nationalbibliothek verzeichnet diese Publikation
in der Deutschen Nationalbibliographie.
Detaillierte bibliographische Daten sind im Internet
über http://dnd.d-nd.de abrufbar.
© 2015 Anicius Manlius Torquatus Severinus Boethius
Herstellung und Verlag: BoD Books on Demand, Norderstedt

ISBN 9783734770906

Inhalt:

Erstes Buch

Ich, der begeistert und frisch einst fröhliche Weisen geschaffen,
Muß nun, kummergebeugt, singen ein trauriges Lied!
Also geboten es mir die trostlos klagenden Musen;
Ach, mein eigener Sang lockt mir die Thränen hervor.
Denn nur die Musen allein verscheuchte das herbe Geschick nicht;
Treue Begleiter, wie sonst, folgen auch heute sie mir!
Sie, die mit Ruhm geschmückt die fröhliche, goldene Jugend,
Tröstenden trauernden Greis, jetzt, da das Glück ihn verließ!
Plötzlich brach es herein, von Leiden beschleunigt, das Alter,
Und es erschien die Zeit, welche den Schmerzen gehört.
Schneeige Weiße bedeckt zu früh die Haare des Hauptes,
Schlaff auch erzittert die Haut um den entkräfteten Leib!
Selig der Tod, wenn er nicht den Lebensfrohen dahinrafft,
Wenn er dem Trauernden naht, der ihn so oft sich gewünscht!
Wehe, wenn er mit taubem Ohr den Beladenen abweist,
Wenn er nicht schließen will, grausam, das thränende Aug'!
Trügendes Glück umschmeichelte mich mit flüchtigen Gaben:
Da, mit vernichtender Kraft, nahte die Stunde des Leids!
Jetzt, da, veränderten Blicks, so finster das Leben mich anschaut,
Zieht es, erbarmungslos, qualvoll unendlich sich hin!
Weshalb habt ihr so oft mein Schicksal gepriesen, o Freunde?!
Ach, wer im Unglück versank, stand auch im Glücke nicht fest!

Während ich solche Gedanken still für mich im Herzen bewegte und
meine jammernde Klage mit dem Schreibgriffel aufzeichnete, da
erschien mir zu Häupten eine Frauengestalt von ehrfurchtgebietender
Hoheit, mit glühenden Augen von so durchdringender Kraft, wie sie
sonst den Menschen nicht eigen ist. Frisch war ihre Gesichtsfarbe und
unerschöpft ihre Körperkraft, obgleich sie schon ein so langes Leben
hinter sich zu haben schien, daß man sie kaum noch unserem Zeitalter
zurechnen konnte. Ihre Gestalt war eine wechselnde. Bald nämlich
schrumpfte sie auf das gewöhnliche Maß der Menschen zusammen,
bald wieder schien sie mit der Höhe des Scheitels die Wolken zu
berühren. Hätte sie das Haupt noch höher erhoben, so wäre sie in den
Himmel selbst eingedrungen und den Blicken der Menschen
entschwunden. Ihre Kleider waren von den dünnsten Fäden, aber aus
unverwüstlichem Stoff, mit der feinsten Kunstfertigkeit gewebt und

zwar, wie sie mir später erzählte, das Werk ihrer eigenen Hände. Äußerlich zeigten sie indes die Verschossenheit eines vernachlässigten Alters, verwitterten und bestaubten Gemälden vergleichbar. Im untersten Saum war der griechische Buchstabe *P*, im obersten ein *Th* eingewirkt zu lesen und zwischen beiden wurden gewisse, in Form einer Treppe angeordnete Stufen sichtbar, mittelst deren, wie es schien, ein Aufstieg von dem unteren zu dem oberen Buchstaben stattfinden sollte. – Gewaltthätige Hände hatten übrigens das ganze Gewand zerrissen und einzelne Teile davon, deren sie habhaft werden konnten, mit sich fortgenommen.

In der rechten Hand, trug die Gestalt Bücherrollen, in der linken ein Scepter.

Als sie nun die Musen der Dichtkunst, die meinen Klagen die Worte liehen, an meinem Lager stehen sah, da begann sie erregt zu werden und sprach mit finster funkelnden Augen: »Wer hat diese Theaterdirnen zu diesem Kranken zugelassen, um seine Leiden nicht nur durch kein Heilmittel zu lindern, sondern durch süßes Gift nur noch mehr zu entfachen? Denn sie sind es, die mit den unfruchtbaren Dornen der Affekte die fruchtschwangere Saat der Vernunft töten und den Geist der Menschen an die Krankheit gewöhnen, statt ihn davon zu befreien! Erträglicher würde mir ihre Missethat noch erscheinen, wenn sie, wie gewöhnlich, irgend einen untergeordneten Geist durch ihre Lockungen auf Abwege gebracht hätten. Aber nun diesen Mann, der in eleatischen und akademischen Studien aufgezogen ist!

Nun aber fort mit euch, ihr Sirenen, die ihr eure Opfer bis an den Rand des Verderbens so süß umschmeichelt! Überlaßt diesen Mann mir und meiner Muse zur Pflege und zur Heilung!«

So gescholten senkte der Chor der Musen traurig das Antlitz zur Erde und als diese falschen Trösterinnen die Schwelle verließen, zeugte ihr Erröten von ihrer tiefen Beschämung.

Ich aber, dessen Gesicht noch von den strömenden Thränen verdunkelt war, so daß ich noch nicht erkennen konnte, wer denn dieses Weib von so majestätischer Hoheit sei, ich erwartete staunend, mit zu Boden gesenktem Blick, was sie nun weiter beginnen werde.

Sie aber trat näher herzu, ließ sich auf dem äußersten Ende meines Lagers nieder, blickte mir in das tieftraurige, von Schmerz zu Boden geneigte Antlitz und beklagte dann in folgenden Versen die Verwirrung meines Geistes:

»Wehe, wie tief hinab sank in den Abgrund
Dein umdüsterter Geist, blind für das eigne
Licht, und in dunkle Nacht will er sich senken,
Wenn, von des Lebens Sturm mächtig entfesselt,
Ins Unendliche wächst nagende Sorge?!
Du, dem der Himmel einst offen erstrahlte!
Der durch den Äther frei pflegte zu schweifen!
Der du die Sonne sahst, rosigen Scheines,
Der du geschaut des Monds eisige Klarheit!
Auch die schweifende Bahn aller Gestirne,
Die am Himmelsgezelt ziehn ihre Kreise,
Hat dein siegender Geist sicher berechnet!
Auch die Gründe, warum pfeifende Stürme
Wild bewegendes Meers ruhige Fläche;
Welche Gewalt im Kreis schwinge den Erdball,
Wie sich in roter Glut Phöbus erhebe,
Um in hesperische Flut niederzutauchen;
Wer denn dem Lenz verliehn mildere Lüfte,
Daß er mit blumiger Pracht schmücke die Erde:
All dies hast du erforscht, und die verborgnen
Kräfte der reichen Natur hast du erkundet!
Nun aber liegst du da, Nacht vor den Augen!
Auf deinem Nacken ruht lastende Fessel,
Beugt dir nieder das Haupt, und an der toten
Erde haften, o Schmach, starr deine Blicke!«

»Doch nicht zu klagen ist es jetzt an der Zeit,« fuhr sie fort, »sondern zu heilen!« Und nun richtete sie den vollen Blick ihrer Augen auf mich und fragte: »Bist du denn wirklich derselbe, der, mit meiner Milch gesäugt, mit meiner Kost aufgezogen, zur Vollkraft männlichen Geistes emporgestiegen ist? Und habe ich denn nicht wahrlich solche Waffen bereitet, die dich sicher in unbesiegter Festigkeit geschützt hätten, wenn du sie nicht selber vorschnell von dir geworfen hättest?! Erkennst du mich denn nicht? Warum schweigst du? Aus Scham oder aus ratloser Bestürzung? Ich wünschte wohl, aus Scham, aber ich sehe, es ist eine tiefe Bestürzung, die dich gebannt hält!« – Als sie mich aber auch hieraus nicht nur schweigend, sondern völlig sprachlos und stumm sah, da berührte sie mit der Hand leicht meine Brust und sprach:

»Es hat keine Gefahr! Er leidet an der allen enttäuschten Gemütern gemeinsamen lethargischen Krankheit! Er hat sich selbst ein wenig vergessen, aber die Erinnerung wird ihm schon zurück-kommen, wenn er nur mich erst wieder erkannt hat. Damit er das kann, will ich seine Augen ein wenig aufhellen, denn der Nebel irdischer Dinge hält sie umdüstert!« – So sprach sie und mit der Falte ihres Gewandes trocknete sie meine in Thränen schwimmenden Augen.

Siehe, da riß der Schleier der Nacht, es hob sich das Dunkel,
Wieder wie früher erstarkte das Augenlicht!
Wie wenn der schnelle Nordwest in Haufen die Wolken versammelt,
Nebel und Regen umdüstern das Himmelszelt,
Wenn sich die Sonne verhüllt, kein Stern am Himmel erglänzet,
Finstere Nacht überflutet das Erdenrund:
Wenn dann, verjagend die Nacht, aus thrakischer Grotte der Nordwind
Fährt, und befreit den Tag, den gefesselten:
Siehe, da leuchtet auf einmal hervor die funkelnde Sonne!
Staunend gewahrt ihre Strahlen der Schauende!

Ganz ebenso löste sich nun auch der Nebel meines Kummers und ich faßte Mut, das Antlitz derer, die mich heilen wollte, zu erkennen zu suchen. Und so erkannte ich sie denn auch, als ich meine Augen ihr zuwandte und sie genau betrachtete, sie, meine Pflegerin, in deren Hause ich von Jugend auf heimisch gewesen war, die Philosophie! »Warum aber,« fragte ich sie nun, »bist du, o Lehrerin aller Tugenden, aus den oberen Regionen in die Einsamkeit meines Verbannungsortes herabgekommen? Etwa, damit auch du, gleich mir, angeklagt und mit falschen Beschuldigungen verfolgt werdest?!« Sie antwortete: »Sollte ich denn dich, meinen Schüler, im Stich lassen und dir nicht die Bürde tragen helfen, die du um der Verhaßtheit meines Namens willen auf dich genommen hast? Wahrlich, nicht ziemt es mir, der Philosophie, den Unschuldigen unbegleitet seinen Weg gehen zu lassen, als ob ich eine Verletzung meiner selbst fürchtete und Angst empfände wie vor etwas ganz Neuem und Unerhörtem! Du glaubst doch nicht, daß die Weltweisheit jetzt zum erstenmal unter sittenverderbten Menschen von Gefahren bedrängt ist? Habe ich nicht schon bei den Alten, noch vor der Zeit unseres Platon, schwere Kämpfe mit dem Frevelmut des Aberwitzes bestehen müssen? Und hat der nämliche Platon es nicht selber erlebt, wie sein Lehrer Sokrates den Sieg eines schuldlosen Todes mit meinem Beistand errungen hat?

Als dann der Haufe der Epikuräer und Stoiker und die übrigen die Erbschaft des Sokrates jeder für sich an sich zu reißen bemüht war und mich, die ich widersprach und mich widersetzte, wie eine Kriegsbeute behandelte, da zerrissen sie mein Kleid, das ich mit meinen eigenen Händen gewirkt hatte, und zogen ab in dem Glauben, daß mit den abgerissenen Fetzen ich selbst ganz und gar ihr eigen geworden sei. Da in ihnen nun aber wenigstens einige Spuren meines Wesens vorhanden zu sein schienen, so hielt sie der Unverstand für meine Jünger und mancher von ihnen wurde darum durch den Wahn der ungebildeten Menge ins Verderben gerissen! Denn wenn du auch nichts weißt von der Verbannung des Anaxagoras, von dem Gifttod des Sokrates und von den Foltern, die Zenon erlitt, obgleich diese Dinge ja sonst allgemein bekannt sind, so könntest du doch einen Canius kennen und einen Seneka und einen Soranus, deren Andenken noch nicht alt und doch auch nicht unberühmt ist! Nichts anderes zog diese Männer ins Verderben, als daß sie in meinem Geist unterwiesen waren und deshalb den Bestrebungen jener Frevler weit fern stehen mußten!

Du darfst dich also nicht darüber wundern, wenn wir auf dem bewegten Meer des Lebens von den von allen Seiten wehenden Stürmen übel mitgenommen werden, wir, denen es vornehmlich bestimmt ist, den Schlechtesten am meisten zu mißfallen! Diese letzteren bilden nun zwar ein zahlreiches Heer, das aber trotzdem zu verachten ist, da es von keinem großen Führer einheitlich gelenkt, sondern vom Irrtum in planlosem, unbeständigem Wahn mit fortgerissen wird. Rafft dieser sich aber wirklich einmal zu größerer Kraftleistung auf und rüstet sich zur Schlacht gegen uns, dann wird unser Feldherr seine Truppen in eine feste Stellung zusammenziehen, die Feinde aber werden mit dem Plündern, wertloser Beutestückchen ihre Zeit verlieren. Ja, mit Verachtung sehen wir herab auf jene, die nur immer das Schlechteste sich zu eigen zu machen suchen, sicher sind wir vor dem ganzen wilden Ansturm, hinter einem festen Wall, gegen den der anrückende Unverstand sich nimmer heranwagen darf!«

Wer, ein fertiger Mann, mit heiterm Sinne
Achtet nicht des Geschickes rauher Willkür,
Wer ihm immer gefaßt ins Auge blicket,
Unerschüttert, ob Glück es bringt, ob Unglück:
Den schreckt nimmer das wilde Droh'n des Meeres,
Das bis tief in den Grund die Fluten aufregt,
Nicht der tückische Berg, der dampfend schleudert
Aus geborstener Esse Glutgeschosse,
Nicht die zackige Bahn der hellen Blitze,
Sie, die größte Gefahr der stolzen Türme!
Weshalb fürchten so sehr die armen Menschen
Nichts vermögender Fürsten wildes Wüten?
Fürchte nichts und erhoffe nichts: es steht dann
Vor dir waffen- und machtlos jede Drohung!
Doch wer zittert in Furcht, und wünscht begehrlich
Sich vergängliches Gut, das nicht ihm zukommt:
Der läßt fallen den Schild, dem Feinde weichend,
Schlägt sich selber in schwere Sklavenketten!

»Fühlst du dies nun nicht?« fragte sie dann, »und dringen diese Worte nicht ein in deinen Sinn? Oder machen sie nicht mehr Eindruck auf dich als in jener Fabel das Saitenspiel auf den Esel? Was weinst du? Was zerfließt du in Thränen?!

›Rede heraus, nichts hehlend, damit wir beide es wissen!‹

Wenn du die Mühwaltung des Arztes erwartest, mußt du deine Wunden bloßlegen!«

Da raffte ich endlich meine Geisteskräfte zusammen und sprach: »Bedarf es denn noch einer Erinnerung und ist es nicht an sich offenbar genug, wie grausam das Geschick gegen mich wütet?! Mahnt daran nicht schon das Äußere dieses Ortes? Ist es etwa die Bibliothek, die du dir als deinen sichersten Sitz in meinem Heim in Rom selber erkorst? In der du so oft mit mir saßest und mit mir über alles Wissen von den göttlichen und menschlichen Dingen Zwiesprache hieltest? War so etwa mein Aussehen und waren so meine Mienen, als ich mit dir die Geheimnisse der Natur erforschte, als du mir die Bahnen der Gestirne mit dem Zirkel beschriebst, als du unsere Sittenlehre und alle unsere Lebensprinzipien auf himmlische Vorbilder zurückführtest?

Ist dies der Lohn dafür, daß ich dir folgte? Du hattest doch durch den Mund des Platon jenes Wort verkündet, daß diejenigen Staaten glücklich sein werden, die von Philosophen regiert werden oder deren Regenten sich der Philosophie befleißigen! Und hast du es nicht durch den Mund desselben Mannes feierlich ausgesprochen, daß der zwingende Grund für die Weisen, sich des Staates anzunehmen, darin bestehe, daß sie die Leitung des Gemeinwesens nicht sittenlosen und frevelhaften Menschen überlassen wollen, die durch ihre Herrschaft Verderben und Untergang über alle Guten bringen würden?! Der Autorität dieser Aussprüche folgte ich, als ich mich bestrebte, das von dir in stiller Muße Erlernte in der praktischen Staatsverwaltung anzuwenden. Du selbst und die Gottheit, die dich in den Geist der Menschen einziehen ließ, ihr wißt es, daß mich nur das Interesse an der Verwirklichung alles Guten bewog, die staatsmännische Laufbahn einzuschlagen! Deswegen hatte ich auch so schwere und unerbittliche Kämpfe mit den Übelgesinnten zu bestehen, und weil ich frei meinem Gewissen folgte, erfuhr ich den Haß der Gewaltigen, dem ich mich immer mutig aussetzte, wenn es das Recht zu schützen galt. Wie oft habe ich mich dem Konigastus, der das Vermögen jedes Schwachen an sich zu reißen suchte, entgegengestellt, wie oft habe ich eine von Triggvilla, dem Vorsteher des königlichen Hauses, begonnene oder gar schon fast vollendete ungerechte That noch im letzten Augenblick vereitelt, wie oft habe ich die Unglücklichen, die von der stets unbestraften Habgier der Barbaren mit unzähligen Verleumdungen umgarnt waren, durch mein Ansehen, mit eigener Gefahr, geschützt! Nie hat es jemand vermocht, mich vom Recht zum Unrecht hinüberzuziehen! Das traurige Geschick der Provinzialen, die bald durch private Räubereien, bald durch den Druck der Staatssteuern an den Rand des Verderbens gebracht wurden, habe ich ebenso schmerzlich empfunden, wie sie selber, die es erlitten. Als in der Zeit der bitteren Hungersnot die schwere und scheinbar unabwendbare Maßregel eines Aufkaufs alles Getreides anbefohlen war, welche die Provinz Campanien in schwerste Bedrängnis zu bringen drohte, da habe ich um des Allgemeinwohls willen den Kampf mit dem Gardepräfekten aufgenommen, habe ihn mit Wissen des Königs Theoderich durchgekämpft und habe es schließlich erreicht, daß jener Aufkauf nicht zur Ausführung kam.

Den Konsular Paulinus, dessen Güter die gemeinen Kreaturen am Königshofe fast schon zu verschlingen hoffen durften, habe ich von den geöffneten Rachen dieser Hyänen glücklich noch hinweggerissen! Um ferner zu verhindern, daß der Konsular Albinus durch die auf eine im voraus schon entschiedene Anklage hin verhängte Strafe zu Grunde gerichtet werde, stellte ich mich dem Ankläger Cyprianus entgegen und zog mir dadurch den Haß auch dieses Menschen zu. Habe ich also nicht genug Übelwollen und Erbitterung gegen mich entflammt?! Weil ich aber so, aus Liebe zur Gerechtigkeit, nichts that, um mir den Schutz der Höflinge zu gewinnen, so hätte ich darum doch bei den übrigen um so sicherer zu sein verdient. Aber auf welcher Männer Anklage hin bin ich schließlich gefallen?! Einer von ihnen, Basilius, früher aus dem königlichen Dienst entlassen, ist nur durch die Last seiner Schulden zur Anzeige meines Namens veranlaßt worden. Die beiden andern aber, Opilo und Gaudentius, waren früher wegen unzähliger und mannigfaltiger Vergehen durch königlichen Strafbefehl verbannt worden, hatten demselben jedoch nicht Folge leisten wollen und sich deshalb in den Schutz eines heiligen Gotteshauses begeben. Als nun der König dies erfuhr, drohte er, falls sie nicht bis zu einem bestimmten Tage die Stadt Ravenna verlassen hätten, so würden sie, mit Brandmalen an der Stirn gezeichnet, schimpflich hinausgejagt werden. Ist eine größere Strenge überhaupt möglich? Und dennoch: als dann an jenem Tage diese selben Menschen als Ankläger gegen mich auftraten, da wurde ihre Anklage angenommen! Was sagst du nun? Haben meine Thaten das verdient? Oder waren etwa jene durch ihre vorausgegangene Verurteilung als gerechte Ankläger qualifiziert?! Und ist es also nicht wahr, daß die Schickung vor gar nichts zurückschreckt, wenn sie nicht einmal auf die Unschuld des Angeklagten oder die Gemeinheit der Ankläger Rücksicht nimmt?

Fragst du nun nach dem Hauptpunkt der Anklage, so bestand dieser darin, daß ich das Heil des Senats gewollt haben soll. Wie aber hat sich das geäußert? Ich werde beschuldigt, den Denunzianten gehindert zu haben, Dokumente vorzulegen, durch die er den Senat in einen Majestätsprozeß hätte hineinziehen können. Was meinst du nun, du, meine Lehrmeisterin? Soll ich das Verbrechen leugnen, um dir keine Schande zu machen? Aber das, was mir vorgeworfen wird, das habe ich ja wirklich gewollt, und werde nie aufhören, es zu wollen.

Soll ich gestehen? Dann würde ich verurteilt und damit mein Thun, die Delatoren in ihrem Treiben zu hindern, für die Zukunft unmöglich gemacht werden. Und soll ich es denn ein Unrecht nennen, daß ich das Heil jenes Standes gewünscht habe? Der Senat selbst hat freilich durch seine Dekrete gegen mich bewirkt, daß es eigentlich ein Unrecht ist, ihm beizustehen! Aber die sich selber stets belügende Unvernunft kann doch den wahren Wert der Dinge nicht ändern und, getreu dem Wort des Sokrates, glaube ich unter keinen Umständen die Wahrheit verleugnen und die Lüge bestätigen zu dürfen!

Übrigens überlasse ich die Beurteilung der ganzen Sache dir und den wahren Philosophen. Den wirklichen Verlauf der Angelegenheit habe ich, damit er der Nachwelt nicht verborgen bleibe, schriftlich zum Andenken aufgezeichnet. Denn was soll ich hier noch über die gefälschten Briefe sagen, in denen ich angeblich überführt werde, die Freiheit Roms erhofft zu haben. Der hiermit geübte Betrug würde klar zu Tage getreten sein, wenn ich mich des Geständnisses der Ankläger selbst hätte bedienen dürfen, das doch sonst in allen Verhandlungen von dem größten Gewicht zu sein pflegt. Kann man denn überhaupt noch auf irgend eine Freiheit hoffen? Wie wünschte ich, daß man es könnte! Ich würde mich der Worte des Canius bedienen, als Cajus Cäsar, der Sohn des Germanicus, behauptete, er habe um eine gegen ihn angezettelte Verschwörung gewußt. Canius sagte: ›Hätte ich darum gewußt, so würdest du nichts davon wissen!‹

Schwerer Kummer hat natürlich mein Gemüt lähmend ergriffen angesichts aller dieser von bösen Menschen gegen die Tugend angezettelten Anschläge. Aber das ist noch nicht das schlimmste. Mit dem höchsten Entsetzen hat mich vielmehr die Thatsache erfüllt, daß jene Frevler ihre verruchten Pläne auch wirklich ausführen konnten! Denn daß wir böse Absichten fassen, das liegt vielleicht in der Mangelhaftigkeit unserer Natur, aber daß ein jeder seine schändlichen Anschläge gegen die Unschuld vor den Augen der Gottheit auch durchsetzen kann, das ist etwas Furchtbares! Daher fragte auch dein Jünger Epikur nicht mit Unrecht: ›Wenn es einen Gott giebt, woher stammt dann das Böse, und woher das Gute, wenn es keinen giebt?!‹

Wenn übrigens jene Frevler, die nach dem Blut aller Guten und dem des ganzen Senats lechzen, auch mich zu verderben wünschten, den sie stets als einen Verteidiger der Guten und des Senats gesehen hatten, so war das ja etwas ganz Natürliches.

Aber habe ich denn auch von seiten der Senatoren selber die gleiche Behandlung verdient? Du wirst dich gewiß noch daran erinnern – denn du warst ja immer bei mir und leitetest mich in all meinem Thun und Reden – du wirst dich noch daran erinnern, sage ich, wie sicher ich mein Verderben vor Augen sah, als damals in Verona der König, der alle Senatoren zu verderben wünschte, die gegen Albinus erhobene Anklage wegen Majestätsverbrechens auf den ganzen Senat auszudehnen suchte, und ich dann für die Unschuld des gesamten Senats einzutreten wagte! Du weißt auch, daß ich dies alles der Wahrheit gemäß berichte und mich dabei in keiner Weise mit eitlem Selbstlob brüste! Wird ja doch der Wert der inneren Zustimmung und Befriedigung des eigenen Gewissens nur herabgemindert, wenn man mit seinen Thaten prahlt und äußeren Ruhm dafür einzuernten sucht! Aber was meiner Unschuld geschah, das siehst du ja! Statt des Lohnes der wahren Tugend erhielt ich die Strafe für ein erfundenes Verbrechen, und wann sind wohl jemals die Richter einer offen eingestandenen Schandthat gegenüber so einmütig in ihrem strengen Urteil gewesen, daß sich nicht wenigstens einige von ihnen durch die Rücksicht auf die Irrtumsfähigkeit des Menschengeistes und die für einen jeden so unberechenbare Schicksalsfügung erweichen ließen?! Wäre ich angeklagt gewesen, die Anzündung der heiligen Tempel, die Ermordung der Priester mit ruchlosem Schwert, den Tod aller Guten geplant zu haben, dann würde ich doch persönlich vernommen und das Urteil nur nach meinem Geständnis oder meiner Überführung gefällt worden sein. Nun aber werde ich, fünfhundert Meilen weit entfernt, ohne reden und mich verteidigen zu können, gerichtet und zum Tode verurteilt, weil ich zu viel Eifer für das Wohl des Senats gezeigt habe! Ja wahrlich, die Senatoren verdienten es, daß niemals jemand dieses Verbrechens überführt werden könnte!

Die Würde meiner That erkannten ja sogar meine Ankläger, und deshalb, um mein Thun durch Beimischung eines verbrecherischen Elements zu schänden, erfanden sie die Lüge, ich habe nur aus Verlangen nach Ehre und Ansehen mein Gewissen mit einem solchen Frevel befleckt! Und doch hast du selber, in mir wirkend, alles Streben nach irdischen Gütern aus meiner Seele verbannt und einen Frevel hätte ich unter deinen Augen nicht begehen können. Denn du flüstertest mir täglich ins Ohr und ließest in meine Gedanken eindringenden pythagoräischen Spruch: ›Folge Gott nach!‹

und nicht geziemte es mir, den Schutz so niederer Geister zu suchen, mir, den du zu einem solchen Grade der Vollkommenheit erhöhtest, daß ich Gott ähnlich erschien! Außerdem schützt mich die unbefleckte Heiligkeit meines Hauses, die Schar meiner höchst ehrenwerten Freunde und auch die Person meines sittenreinen und dir selbst an Ehrwürdigkeit vergleichbaren Schwiegervaters Symmachus vor jedem Verdacht dieses Verbrechens!

Aber, o Frevel, meine Ankläger und Richter leiten aus dir selber den Beweis für die mir zugeschriebene Unthat her! Gerade deswegen soll ich jenes Verbrechens schuldig sein, weil ich in deinen Lehren bewandert und in den Sätzen deiner Moral unterwiesen bin! Nicht genug also, daß mir meine Verehrung für dich von keinem Nutzen gewesen ist: ganz ausdrücklich auch gegen dich richtet sich die Anklage, deren Opfer ich geworden bin!

Was aber meinem Unglück die Krone aufsetzt, ist die auch hier wieder bewährte Thatsache, daß die meisten Menschen bei ihrer Schätzung nicht auf den wahren Wert sehen, sondern auf den Ausgang, den die Sache schließlich nimmt, und daß sie nur das für wohlüberlegt und gut hatten, dem das Glück sich hold gezeigt hat! Daher verläßt denn auch der gute Ruf immer zuerst die Unglücklichen. An all das Gerede, das jetzt unter dem Volk umgeht, an all die mannigfachen und sich widersprechenden Ansichten mag ich gar nicht denken! Nur das eine sage ich: die schwerste Last, die das Mißgeschick auferlegt, besteht darin, daß der Unglückliche das Leiden, das er infolge eines ihm angedichteten Verbrechens erdulden muß, immer auch wirklich verdient zu haben scheint! So mußte auch ich, aller Güter beraubt, aller Würden verlustig, in meinem guten Ruf geschändet, wegen guter Thaten schlimme Strafe leiden!

Ich glaube die ganze Schmach vor Augen zu sehen: wie die Hexenküchen der Frevler in Jubel und Freude schwimmen, wie die allerverworfensten Subjekte mit neuen schändlichen Denunziationen drohen, wie alle Guten entsetzt ob des Mißgeschicks, das mich betroffen, danniederliegen, wie jeder Schuft durch die Straflosigkeit zum Wagen, durch die Aussicht auf Belohnung zum Durchführen jeglicher Übelthat angelockt wird und wie alle Unschuldigen nicht nur der Sicherheit, sondern selbst des Rechtes der Verteidigung sich beraubt sehen! Da kann man dann wohl klagend ausrufen:

›O Schöpfer des himmlischen Sternengezelts,
der machtvoll herab von dem ewigen Thron
den Himmel bewegt in kreisender Bahn:
Du bindest die Sterne durch festes Gesetz,
du lässest des Vollmonds silbernen Schein,
geschützt vor der Sonne gewaltigem Strahl,
verfinstern der Sterne geringeres Licht;
du läßt, wenn zu kühn sie dem Phöbus genaht,
erbleichen die Scheibe der Luna!
Des Abends Gestirn, mit dem eisigen Licht,
es leuchtet am Himmel im Anfang der Nacht.
Als Lucifer aber, veränderten Wegs,
verkündet es schwindend den sonnigen Tag!
Du bist es, der kürzer die Tage bemißt
dem eisigen Winter, der alles entlaubt;
Doch nahet der Sommer, so wonnig und warm,
beschränkst du die nächtlichen Stunden.
In stetigem Wechsel erhältst du das Jahr:
Das liebliche Laub, das der Nord uns entführt,
der mildere Zephyr, er bringt es zurück!
Und was der Arcturus als Keim erst geschaut,
das reifendes Sirius Gluten!
So folgen die Dinge dem alten Gesetz
und jedes erfüllt seine Pflichten getreu.
Doch, der du das All so gewaltig regierst,
du hast es verschmäht, der Sterblichen Thun,
so wie sie's verdient, zu beschränken!
Warum denn so launenhaft ist das Geschick?!
Was nur das Verbrechen als Strafe verdient,
trifft oft so verderblich des Schuldlosen Haupt!
Verworfene Sitten bestiegen den Thron
und traten zu Boden mit frevelndem Fuß,
dem Rechte zum Trotze, die guten!
Verdunkelt verschwand in der finsteren Nacht
die Leuchte der Tugend, und immer die Schuld
des Ruchlosen trägt der Gerechte!
Es schadet den Bösen der Eidbruch nicht
und nicht der so lieblich verhüllte Betrug,

und wenn sie's gelüstet, sie lenken den Sinn
der mächtigen Fürsten, vor denen sich tief
in Demut beugen die Völker!
Du, der du der Welten Geschicke verknüpfst,
erbarme dich endlich der irdischen Not!
Uns Menschen, der Schöpfung erhabensten Teil,
bedrängt des Geschickes gewaltige Flut!
O, hemme gebietend das brausende Meer,
und wie das Gesetz du dem Himmel bestimmt,
so lenke versöhnend die Erde!‹«

Zu all diesen Klagen hatte ich mich durch die Gewalt meines
Schmerzes hinreißen lassen. Meine Gefährtin aber wurde durch meine
Worte nicht erregt; ruhig blickte sie mich an und sprach: »Als ich
deine Trauer und deine Thränen sah, da erkannte ich zwar sofort, daß
du ein Unglücklicher und ein Verbannter seist. Allein wie weit fort
von der Heimat du verbannt bist, das habe ich erst jetzt durch deine
eigenen Reden erfahren! Aber diese Verbannung hat keine fremde
Gewalt über dich verhängt, sondern du selbst hast dich so weit fort
verirrt und du selbst hast dich vertrieben, wenn du auch lieber glauben
möchtest, du seiest gewaltsam vertrieben worden! Denn wahrlich,
dich zu vertreiben, dazu wäre keine Gewalt imstande gewesen! Das
wirst du einsehen, wenn du dich daran erinnerst, welches eigentlich
dein Vaterland ist! Es wird nicht, wie das der Athener, durch den
Gesamtwillen einer großen Menge regiert, sondern in ihm ist die
Homerische Forderung verwirklicht:

›... Nur einer sei Herrscher,

Einer nur Fürst!...‹

Diesen Fürsten aber erfreut die Menge seiner Bürger, nicht ihre
Verbannung, und von seinem Zügel gelenkt werden und seinem
gerechten Willen gehorchen, das ist die höchste Freiheit! – Kennst du
denn nicht mehr das höchste Gesetz deines Staates, wonach derjenige
nicht ausgewiesen werden soll, der lieber dauernd in der Vaterstadt
verweilen will? Denn wer sich hinter ihrem Wall und in ihrem
Schutze glücklich fühlt, von dem steht nicht zu befürchten, daß er
verbannt zu werden verdiene. Wer aber das Heim in der Heimat
verschmäht, der verdient es auch nicht mehr!

Daher betrübt mich auch das Äußere dieses Ortes nicht so sehr wie dein eigenes Aussehen, und nicht in den mit Elfenbein und Krystall geschmückten Räumen deiner Bibliothek wünsche ich zu wohnen, sondern in deiner Seele, in die ich keine Bücher, wohl aber das, was den Büchern ihren Wert verleiht, nämlich die darin enthaltenen Gedanken meiner Lehre, eingeschlossen habe!

Was du von deinen Verdiensten um das Gemeinwohl gesagt hast, ist durchaus wahr, aber viel zu bescheiden im Hinblick auf die Menge deiner guten Thaten. Ob ferner das dir Vorgeworfene wirklich tadelnswert sei und wie weit die Anklagen auf Fälschung beruhen: über diese Fragen hast du nur Allbekanntes wieder in Erinnerung gebracht. Über die Verbrechen und Betrügereien der Angeber hast du dich mit Recht in Kürze fassen zu sollen geglaubt, da dies besser und ausführlicher durch den Mund der wohlunterrichteten Menge verbreitet wird. Die Handlungsweise des ungerechten Senats hast du dann lebhaft getadelt. – Auch über die gegen mich gerichtete Anklage hast du deinen Schmerz geäußert und über die Schädigung hast du geklagt, die du durch die Befleckung deines guten Rufes erlitten hast. – Zum Schluß hast du dann die erregte Muse den Wunsch äußern lassen, daß dieselbe friedliche Ordnung, die den Himmel regiert, auch auf Erden walten möge!

Da nun aber der Sturm der Affekte im Augenblick noch zu gewaltig in dir ist und Schmerz, Zorn und Trauer dich abwechselnd beherrschen, so wirst du in deiner jetzigen Gemütsverfassung kräftigere Heilmittel wohl noch nicht vertragen können. Daher will ich zuerst ein Weilchen mildere Mittel anwenden, damit dein Geist, der durch die auf ihn einstürmenden Beunruhigungen schon so lange in höchster Erregung erhalten wird, sich allmählich durch sanfte Einwirkung beruhige, um dann auch für kräftigere Arznei empfänglich zu werden!

Wer, wenn Phöbus in heller Glut
hoch im Bilde des Krebses steht,
reiche Saaten der Erde Schoß
anvertraute, doch ach; umsonst:
Den läßt Ceres im Stich, er muß
Nahrung suchen am Eichenbaum!
Finden kannst du das Veilchen blau
nicht im herbstlich gefärbten Wald,
wenn schon über das Stoppelfeld
schneidend eisiger Nordwind fährt.
Wenn du Trauben zu kosten wünschst,
kannst du nimmer im Lenze schon
gierig pflücken am Rebstock sie!
Erst im fröhlichen Herbst beschert
Bacchus seine Geschenke dir!
Gott hat jeglicher Jahreszeit
ganz besondere Pflicht bestimmt
und wo selber er Ordnung schuf,
wehrt er jeglichen Eingriff ab!
Drum, was immer in toller Hast
kühn verlassen die Satzung will,
das bleibt immer erfolglos!

Darum laß mich nun zunächst mit einigen wenigen Fragen den
Zustand deines Gemüts erforschen und prüfen; damit ich sehe,
welchen Weg ich bei deiner Heilung einzuschlagen habe.« – »Stelle
mir,« entgegnete ich, »deine Fragen, wie du es für gut hältst. Ich bin
bereit, dir zu antworten.« – Sie begann nun zu fragen: »Glaubst du,
daß diese Welt von willkürlichem und regellosem Zufall bewegt wird,
oder glaubst du an eine vernunftgemäße Leitung derselben?« – »Nie
und nimmer,« entgegnete ich, »kann ich glauben, daß durch regellosen
Zufall ein so bestimmt organisiertes Gebilde bewegt werde; ich bin
vielmehr fest überzeugt, daß die Gottheit die Welt, ihr Werk, allezeit
lenkt, und kein kommender Tag wird mich in dieser Überzeugung
wankend machen können!« – »So ist es!« sagte jene darauf. »Das hast
du ja auch vorhin in poetischen Worten ausgeführt. Nur die
Menschen, so klagtest du, hätten keinen Teil an der Fürsorge der
Gottheit. Daß aber alles übrige vernunftgemäß geleitet werde, daran
hast du niemals gezweifelt.

Daß du nun mit dieser gesunden Anschauung trotzdem geistig so krank sein kannst, muß ich darüber nicht wirklich aufs äußerste erstaunt sein?! Ich muß ja annehmen, daß es irgendwo fehlt, ich weiß nur noch nicht genau, wo! Aber sage mir doch einmal, der du ja nicht daran zweifelst, daß Gott die Welt regiert: nach welchen Grundprinzipien lenkt er sie denn?« – Ich: »Kaum verstehe ich den Sinn deiner Frage, so daß ich dir keine Antwort darauf zu geben vermag.« – Sie: »Nun?! Täuschte ich mich also, als ich meinte, daß irgendwo etwas fehlen müsse, daß irgendwo, wie durch eine Mauerbresche, die sinnverwirrende Krankheit in deinen Geist eindringen konnte! – Aber sage mir, erinnerst du dich noch daran, was denn das Endziel aller Dinge sei, und wohin die Entwickelung der ganzen Natur sich richte?«

Ich: »Wohl habe ich es einst gehört, aber der Kummer hat mein Gedächtnis umnebelt!«

Sie: »Aber weißt du denn noch, von wo alles seinen Ausgang genommen hat?«

Ich: »Ich weiß es: die Gottheit ist die Quelle aller Dinge!«

Sie: »Wie ist es aber möglich, daß du den Ausgangspunkt zwar weißt, das Endziel aller Dinge aber nicht mehr kennst? So ist es aber immer mit diesen Störungen des Geistes: sie können den Menschen vom rechten Standpunkt hinwegdrängen, aber ihn völlig zu entwurzeln und ihn sich ganz zu unterwerfen, das vermögen sie nicht! – Aber antworte mir noch auf die folgende Frage: Bist du dir wohl dessen bewußt, daß du ein Mensch bist?«

Ich: »Gewiß bin ich das!«

Sie: »Kannst du mir denn auch sagen, was das ist: ein Mensch?«

Ich: »Willst du die Antwort hören: ich bin ein vernunftbegabtes, sterbliches Lebewesen? Daß ich ein solches bin, das weiß ich und das bekenne ich!«

Sie: »Ist dir nichts davon bekannt, daß du vielleicht außerdem noch etwas sein könntest?«

»Nein,« sagte ich.

»Nun weiß ich auch,« sprach sie da, »eine zweite und zwar die hauptsächlichste Ursache deiner Krankheit: du weißt nicht mehr, was du selbst bist! Und damit habe ich nun den Charakter deines Leidens und zugleich auch den zu seiner Heilung einzuschlagenden Weg vollkommen erkannt! Denn weil das Dunkel der Selbstvergessenheit dich umfängt, deshalb beklagst du dich als einen Verbannten und seiner Güter Beraubten. Weil du Zweck und Endziel der Dinge nicht mehr kennst, hältst du nichtswürdige und böse Menschen für mächtig und glücklich. Weil du aber auch vergessen hast, nach welchen Grundgesetzen die Gottheit die Welt lenkt, deshalb glaubst du, daß alle diese Schickungen ohne einen höheren Regenten vom Zufall beherrscht sind: wahrlich Gründe genug, dich nicht nur krank zu machen, sondern dich zu töten! Aber Dank sei dem Geber der Gesundheit, daß dich die Lebenskraft deiner guten Natur noch nicht ganz verlassen hat! – Wir haben nun als Haupttheilmittel zu deiner Rettung deine richtige Ansicht von der Weltregierung, die du nicht für ein Spiel des blinden Zufalls, sondern der göttlichen Vernunft unterworfen hältst. Fürchte also nichts! Aus diesem kleinen Funken wird bald neue Lebenswärme dich durchströmen! Aber da für die durchgreifenderen Heilmittel die Zeit noch nicht gekommen ist und da es in der Natur des menschlichen Gemütes liegt, daß es nach Verlust der richtigen Ansicht von falschen sich leiten und in das Dunkel der Seelenverwirrungen hineinziehen läßt, die die richtige Einsicht verdüstern: so wollen wir zunächst jene Verfinsterung ein Weilchen mit linden Mitteln aufzuhellen suchen, damit der Nebel falscher Affekte sich zerstreue und du wieder fähig werdest, den Glanz des wahren Lichtes zu schauen!«

Nicht durch den Wolken
düsteren Schleier
dringt der Gestirne
leuchtendes Feuer.
Wenn durch das Weltmeer
brauset der schnelle
stürmische Südwind,
siehst du die Welle,
klar an den heitern
Tagen und eben,
wenn sich durchwühlte
Sandmassen heben,
häßlich und trübe!

Auch wenn so munter
tanzet der Bach vom
Berge herunter,
lassen ihn oftmals
schnöde zerschellen
felsige Klippen!
Drum, wenn du hellen
Auges die Wahrheit
möchtest erfassen
und unentwegt stets
ziehn deine Straßen:
Hinter dir laß dann
Hoffnung und Freude,
kenne die Furcht nicht,
trotze dem Leide!
Diese Gewalten
trüben den Geist, in
Banden ihn halten!

Zweites Buch

Nach diesen Worten hielt sie ein Weilchen inne und gewährte mir durch ihr bescheidenes Schweigen die nötige Muße, um meine Aufmerksamkeit wieder zu sammeln. Dann aber fuhr sie fort: »Wenn ich die Ursachen und das Wesen deiner Krankheit von Grund aus erkannt habe, so härmst du dich aus Sehnsucht und Verlangen nach dem vergangenen Glück. Seine vermeintliche Veränderung hat dir den Seelenfrieden erschüttert! Ich kenne nun sehr wohl die vielgestaltigen Trugkünste jenes seltsamen Wesens, des Glücks, und ich weiß, daß es mit denen, die es zum besten haben will, so lange in schmeichelndster Vertraulichkeit lebt, bis es sie durch sein unvermutetes Verschwinden in den unerträglichsten Schmerz versenkt. Wenn du dich an dieses Glückes Natur, Wesen und Wert erinnerst, so wirst du erkennen, daß es dir kein wahres Gut gebracht und du auch keines mit ihm verloren hast. Ich brauche mich aber wohl kaum zu bemühen, dir dies ins Gedächtnis zurückzurufen. Denn du pflegtest ja selbst schon, als das Glück dir noch treu war und dich noch umschmeichelte, dasselbe mit mannhaften Worten zu schelten und es mit Argumenten zu bekämpfen, die du meiner heiligen Lehre entnommen hattest. Aber keine plötzliche Veränderung in den äußeren Dingen geht vor sich, ohne daß, wenn ich so sagen darf, auch die bisher glatte Fläche des Sees der Seele in wogende Unruhe gerät! So geschah es, daß auch du ein Weilchen aus der Ruhe deines Gemütes aufgestört wurdest. Aber jetzt ist es an der Zeit, daß du etwas Lindes und Süßes empfängst und genießt, das in dein Inneres eindringen und einem kräftigeren Trunk den Weg bahnen soll. Zu Hilfe rufe ich die Überzeugungskraft herzgewinnender Redekunst, die nur dann in der rechten Weise vorgeht, wenn sie meinen Gesetzen getreu bleibt, und dazu soll die an meinem Herde heimische Musik bald sanftere, bald eindringendere Weisen ertönen lassen!
Was ist es denn nun eigentlich, du Menschenkind, das dich in Trauer und Kummer versenkt hat? Du willst, wie ich glaube, etwas Neues und Ungewohntes gesehen haben und du meinst, daß das Glück sich dir gegenüber verändert habe! Aber da irrst du! Das war immer seine Art und seine Natur. Es zeigte sich gegen dich so, wie es immer ist, das heißt eben: veränderlich!

Dieselbe Natur hatte es schon damals, als es dir noch schmeichelte, als es dich noch mit seinen trügerischen Reizen umgaukelte! Du hast nun die beiden verschiedenen Gesichter der blinden Glücksgöttin gesehen, du hast sie völlig erkannt, während sie sich manchem andern gegenüber bisher noch verhüllt hält. Gefällt sie dir so, nun, so suche es ihr gleich zu thun und beklage dich nicht. Verabscheust du sie aber in ihrer Unbeständigkeit, so verachte und stoße von dir das Glück, das sein verderbliches Spiel mit dir treibt! Was dir jetzt Kummer verursacht, hätte dir vielmehr den Frieden der Seele bringen sollen, denn es ließ dich dasjenige im Stich, dessen Treue noch nie jemand sicher sein konnte. Kannst du denn ein vergängliches Glück für ein köstliches Gut halten und kann dir ein gegenwärtiges Glück teuer sein, dessen Bleiben dir nicht sicher ist und dessen Schwinden dir großen Kummer bringen muß? Ist denn das flüchtige Ding, das unser Wille nicht bei uns festhalten kann und das diejenigen, die es verläßt, unglücklich macht, etwas anderes, als ein Verkündiger künftigen Unheils?

Es genügt nicht, nur das anzuschauen, was man vor Augen hat: den Ausgang der Dinge muß die vorausblickende Vernunft berechnen und sie wird dann einsehen, daß die Unbeständigkeit und Veränderlichkeit des Glückes seinen Drohungen das Furchtbare und seinen Reizen das Begehrenswerte nimmt! Hast du dich aber einmal zum Sklaven des Glückes machen lassen, so mußt du auch mit Gleichmut alles tragen, was in seinem Machtgebiet geschieht. Denn wenn du dem Herrn, den du dir selber freiwillig gewählt hast, die Gesetze für sein Bleiben und Gehen vorschreiben wolltest, würdest du da nicht unrecht thun und dein Los, das du doch nicht ändern kannst, durch deine Ungeduld nur noch härter gestalten?! Wenn du die Segel deines Schiffes entfaltest, so stellst du sie nicht, wie dein Wille es verlangt, sondern wie die Richtung des Windes es erfordert. Wenn du den Feldern die Saat anvertraust, so mußt du in deinen Berechnungen auf fruchtbare und unfruchtbare Jahre gefaßt sein. Hast du also das Glück dir zum Herrn erwählt, so füge dich seinen Launen! Willst du es wagen, das rollende Rad im Lauf aufzuhalten? Wahrlich, du Thörichtster aller Sterblichen: wenn das Glück beständig wird, so hört es auf, Glück zu sein!

Wenn alles es verkehrt in stolzem Übermut,
So gleicht's dem Euripus mit seiner wilden Flut!
Von ihm getroffen oft vom Thron der Herrscher sinkt,
Und oft es falschen Trost den Unterdrückten bringt.
Es hört die Klagen nicht, verschließt dem Leid sein Ohr,
Es lacht des Jammers gar, den selbst es rief hervor!
So treibt es stets sein Spiel, so übt es seine Macht,
Und hat ein Wunderwerk vor aller Welt vollbracht,
Wenn Tod die Stunde bringt, die lieblich kaum gelacht!

Ich möchte nun aber einmal im Sinne des Glückes selbst, gleichsam mit seinen eigenen Worten, einiges mit dir verhandeln. Du aber gieb acht, ob ich gerechte Forderungen stellen werde. Ich lasse also das Glück selbst reden: ›Weshalb, o Menschenkind, weshalb beschuldigst du mich und liegst mir täglich im Ohr mit deinen Klagen? Was für ein Unrecht habe ich dir denn angethan? Welche Güter, auf die du Anspruch hattest, habe ich dir denn entzogen? Verklage mich doch vor irgend einem Richter, wegen der Entziehung des Besitzes von Macht und Ehre! Wenn du dann beweisen kannst, daß eins dieser Güter festes Eigentum irgend eines Sterblichen sei, so will ich freiwillig zugeben, daß das was du jetzt zurückverlangst, einst rechtmäßig dir zu eigen gehörte!

Als dich die Natur aus dem Schoß deiner Mutter hervorgehen ließ, da habe ich dich, nackt und von allem entblößt, wie du warst, mit meinen Mitteln unterstützt und habe dich, was dich jetzt so ungeduldig gegen mich macht, in meiner Gunst und Güte allzu liebevoll aufgezogen, und habe dich mit dem Überfluß und dem Glanz aller in meiner Macht stehender Güter umgeben.

Jetzt nun gefällt es mir, meine Hand von dir zurückzuziehen: und da mußt du mir Dank sagen wie für die lange gewährte Nutzung eines fremden Gutes und hast kein Recht, dich zu beklagen, als ob du etwas dir unbedingt Gehörendes verloren hättest! Was klagst du denn? Ich habe dir doch keinerlei Gewalt angethan?! Der Reichtum, die Ehre und alle andern ähnlichen Güter stehen in meiner Macht: als Dienerinnen blicken sie auf ihre Herrin, mit mir kommen sie und wenn ich gehe, dann gehen auch sie. Ich darf kühn behaupten: wären die Dinge, deren Verlust du jetzt beklagst, dein Eigentum gewesen, so hättest du sie niemals eingebüßt!

Soll ich denn allein mein Recht nicht ausüben dürfen? Der Himmel kann helle Tage erscheinen lassen und sie dann wieder in dunkle Nächte verwandeln. Das Jahr kann das Antlitz der Erde bald mit Blumen und Früchten schmücken, bald es mit Nebel und Kälte bedecken. Das Meer hat es in seiner Gewalt, bald in ebener Fläche sanft und lockend dazuliegen, bald in stürmischem Gewoge emporzubranden – ich aber, ich soll mich durch die ungesättigte Habgier der Menschen zu einer Stetigkeit zwingen lassen, die meinem innersten Wesen widerstrebt?! In kreisendem Schwung das Rad herumzuwirbeln, das ist meine Macht und mein ewiges Spiel, und Freude macht es mir, das Oberste zu unterst und das Unterste nach oben zu kehren! Steige in die Höhe, wenn du willst, aber unter der Bedingung, daß du es nicht für eine Ungerechtigkeit hältst, wenn du, sobald es mein Spiel so mit sich bringt, auch wieder herabstürzen mußt!

Hast du denn aber vorher noch gar nichts von mei ner Art und meinem Wesen gewußt? Ist es dir nicht bekannt, daß der Lyderkönig Krösus, der kurz vorher dem Cyrus noch so furchtbar war, bald darauf ins Elend geriet und aus den Flammen des Scheiterhaufens nur durch den vom Himmel her gesendeten Regen errettet wurde? Du mußt doch auch wissen, daß Paulus dem Unglück des von ihm gefangenen Makedonierkönigs Perseus aufrichtige Thränen des Mitleids gezollt hat! Wird denn in den lauten Klagen der Tragödien etwas anderes bejammert, als daß das Schicksal ohne Wahl mit seinen Schlägen blühende Reiche ins Verderben stürzt?

Hast du nicht als Knabe gelernt, daß

>da stehen zwei Fässer gestellt an der Schwelle Kronions,
voll das eine von Gaben des Wehs, das andre des Heiles!<

Wenn du nun aber schon allzuviel des Glückes genossen hättest? Oder sollte ich dir vielleicht noch nicht völlig untreu geworden sein? Wie, wenn diese meine Veränderlichkeit selbst dir einen gerechten Grund gäbe, auf eine bessere Zukunft zu hoffen?! Darum verzehre dich nicht in Gram, verlange aber auch nicht, im Bereich einer alle umfassenden Herrschaft für dich allein nach eigenem Recht zu leben!«

Soviel Sand wie dahinwälzt des erregten Meer
                                    sturmdurchzitterte Woge,
Soviel Sterne sich drehn oben am Himmelszelt,
                                    Glänzend in klaren Nächten:
Wenn so vieles uns auch schenkte des reichen Glücks
                                    unerschöpfliches Füllhorn,
Dennoch nimmer, fürwahr, ließen die Menschen dann
                                    ruhn die jammernde Klage!
Wenn auch gnädig ein Gott Bitten und Flehn erhört,
                                    goldne Schätze verschenkend,
Wenn dem Streber er auch Ehren und Glanz beschert:
                                    Nimmer genügt das Erreichte!
Kaum daß die raffende Gier, was sie erlangt, verschlang,
                                    sperrt sie aufs neue den Schlund auf!
Wer kann bändigen, wer setzen ein festes Ziel
                                    nimmer gestillter Begierde,
Wenn auch im Überfluß immer noch mehr begehrt
                                    unersättliche Habsucht?!
Denn wer sich selbst für arm, selber für elend hält,
                                    dem blüht nimmer der Reichtum!

»Wenn nun also in dieser Weise das Glück seine eigene Sache gegen
dich führte, so würdest du dagegen wohl kaum etwas einwenden
können. Solltest du aber doch imstande sein, deine Klagen mit irgend
welchen Gründen zu stützen, so fordere ich dich auf, dieselben jetzt
vorzubringen. Also sprich!«

»Jene Worte,« entgegnete ich, »die du dem Glück in den Mund
legtest, waren zwar schön anzuhören und mit der Honigsüßigkeit der
Redekunst und der Musik durchtränkt, doch trösten sie nur in dem
Augenblick, in dem man sie vernimmt. Tiefer aber wurzelt die
Schmerzempfindung des Unglücklichen. Sind daher jene Worte
verhallt, so nimmt der Kummer von neuem Besitz von der Seele!«

»So ist es allerdings,« entgegnete meine Gefährtin. »Jene Worte sind
aber auch noch nicht das eigentliche Heilmittel gegen deine
Krankheit, sondern sie sollen nur die Hartnäckigkeit und den Trotz
mildern, mit dem sich der Schmerz gegen die Heilung sträubt. Die
eindringendsten Mittel werde ich erst dann bringen, wenn die rechte
Zeit dafür gekommen sein wird.

Warum willst du dich nun aber durchaus für so unglücklich halten? Hast du denn ganz vergessen, wie groß und wie schön das Glück war, das du genossen hast? – Ich will gar nicht davon reden, daß die sorgende Hut hervorragender Männer sich deiner in deiner Verwaisung annahm, daß du in die Verwandtschaft der ersten Männer des Staates eingereiht wurdest, und zwar in die schönste Art der Verwandtschaft, da du ihnen schon teuer warst, bevor du wirklich ihr Verwandter wurdest! Wer pries dich damals nicht als den glücklichsten Mann, angesichts der glänzenden Stellung deiner Schwiegereltern, der keuschen Treue deiner Gattin, der glücklichen Begabung deiner Söhne?!

Ich übergehe – man übergeht ja das Allbekannte – die hohen Ehrenämter, die den meisten selbst im Greisenalter versagt bleiben und die dir schon in deiner Jugend zu teil wurden. Ich will lieber gleich von dem Moment reden, der den unerhörten Gipfel deines Glückes bezeichnet! Denn wenn ein Erfolg in irdischen Dingen überhaupt irgendwie als ein Glück angesehen werden kann, dann dürfte doch auch die größte Schar der andrängenden Übel nicht imstande sein, den Glanz jenes ruhmvollen Tages zu verdunkeln, als du zwei Söhne zugleich als Konsuln, von der Schar der Senatoren begleitet und vom Jubel des Volkes umringt, aus deinem Hause hinausziehen sahst, als du, während jene die kurulischen Sessel einnahmen, dir als Lobredner des Königs den Ruhm der Geistesgröße und der Beredsamkeit erwarbst, als du im Cirkus zwischen den beiden Konsuln saßest und die Erwartung der rings gedrängten Menge mit der Freigebigkeit eines Triumphators befriedigtest! Durch List oder Zauberkraft schienst du das Glück an dich gefesselt zu haben, daß es dir vor allen hold war, daß es dich als seinen Liebling begünstigte, daß es dir mehr zu teil werden ließ, als es je einem Privatmann gewährt hatte!

Willst du also wirklich mit dem Glücke rechten? – Jetzt zwar hat es dich – zum erstenmal – mit neidischem Blicke gestreift. Wenn du dir aber das Verhältnis deiner glücklichen Erlebnisse zu den unglücklichen, der Zahl und der Intensität nach, vergegenwärtigst, so wirst du nicht leugnen können, daß du auch jetzt noch glücklich zu nennen bist!

Hältst du dich aber nur deswegen für unglücklich, weil alles verschwunden ist, was dich damals erfreute, so hast du keinen Grund, dich elend zu nennen, denn alles, was dich jetzt so traurig macht, auch das geht ja wieder vorüber! Du bist doch nicht eben erst, ganz plötzlich und wie ein fremder Gast, auf der Bühne dieses Lebens erschienen?! Glaubst du denn, daß den menschlichen Dingen überhaupt irgend welche Stetigkeit innewohnt, da doch den Menschen selbst oft eine flüchtige Stunde dahinrafft?! Und wenn wirklich einmal, was so selten geschieht, das Glück sich beständig erweisen sollte, so endigt mit dem letzten Tage des Lebens doch auch das beständigste Glück! Macht es denn etwa einen Unterschied, ob du dem Glück untreu wirst, indem du stirbst, oder das Glück dir, indem es entschwindet?«

Wenn am Himmel rosigen Schein verbreitet
Phöbus' strahlendes Viergespann,
Dann erbleichen unter der Flut des Lichtes
Alle Sterne des Firmaments.
Bunte Frühlingsblumen erblühn im Walde,
Wenn der liebliche Zephyr weht;
Doch zur Zeit des giftigen Nebelwindes
Welkt die Blüte des Dornenstrauchs!
Unbewegt bei ruhigem, heiterm Himmel
Liegt der Spiegel des Meeres da,
Doch wenn wild aus Norden der Sturm daherfährt,
Türmt zum Berge die Woge sich!
Weil noch nichts auf Erden beständig weilte,
Alles ewigen Wechsel zeigt:
Denke stets des menschlichen Glückes Wandel,
Seiner Güter Vergänglichkeit!
Untergehn muß alles, was einst entstanden;
Das ist ewiges Weltgesetz!

»Alles,« entgegnete ich hierauf, »was du mir in die Erinnerung zurückgerufen hast, ist allerdings wahr und ich kann den raschen Siegeslauf meines Glückes nicht ableugnen. Aber gerade deshalb leide ich ja so herbe Qual, wenn ich mich des Vergangenen erinnere. Denn in allem Mißgeschick besteht daß größte Unglück doch immer in dem Bewußtsein, einst glücklich gewesen zu sein!«

»Du kannst aber doch,« wandte sie ein, »ein Leiden, das nur auf deiner falschen Anschauungsweise beruht, nicht wohl in den Dingen selbst begründet finden. Wenn dich jenes leere Wort von der Unbeständigkeit des Glückes so sehr bewegt, so mache dir doch einmal mit mir klar, wieviel zahlreichere und größere Güter dir im Überfluß geblieben sind. Wenn dir gerade das köstlichste deiner Glücksgüter, dessen Besitz dir am teuersten war, noch heute ungeschmälert und unverletzt von der Gottheit erhalten ist, hast du dann überhaupt ein Recht, vom Unglück zu reden?! Und es lebt doch unversehrt die köstlichste Zierde des Menschengeschlechts, dein Schwiegervater Symmachus, und was noch mehr ist, was du gern mit deinem Leben erkaufen würdest: dieser Mann, ganz aus Weisheit und Tugend gebildet, er vergißt seine eigene Not und klagt um das dir widerfahrene Unrecht! – Es lebt auch deine Gattin, so reich an Geist, an bescheidener Sittsamkeit, an Keuschheit, und, um alle ihre Gaben kurz zusammenzufassen, dem Vater so ähnlich! Nur um deinetwillen erhält sie sich das ihr jetzt so verhaßte Leben und verzehrt sich – wodurch allein, wie auch ich zugebe, dein Glück getrübt wird – aus Sehnsucht nach dir in Kummer und Thränen! Was soll ich von deinen Söhnen, den Konsularen, sagen, in denen, trotz ihres jugendlichen Alters, das Abbild des väterlichen und großväterlichen Geistes sich schon jetzt so glänzend zeigt?! Die größte Sorge der Sterblichen ist auf die Erhaltung des Lebens gerichtet. Würdest du also den wahren Wert der Güter, die du noch besitzest, erkennen, wie glücklich müßtest du dann sein, da dir das-jenige geblieben ist, was alle einstimmig für köstlicher halten als das Leben!
Trockne also deine Thränen! Noch ist das Glück nicht ganz von dir gewichen, noch kannst du dem Sturm, der dich bedrängt, widerstehen, denn noch halten die Anker fest und das soll dich in der Gegenwart trösten und dir die Hoffnung auf die Zukunft erhalten!«
»Ja,« sprach ich, »das ist ja auch mein höchster Wunsch, daß die Anker auch ferner fest im Grunde haften möchten! Dann will ich mich schon durcharbeiten, wie es auch kommen mag! Aber auch du mußt doch einsehen, wie unendlich viel ich verloren habe!«
»Einen kleinen Fortschritt,« entgegnete sie, »haben wir nun doch schon gemacht, da du dein Los jetzt nicht mehr in jeder Hinsicht für beklagenswert hältst.

Ich begreife aber gar nicht, wie du überhaupt Freude empfinden kannst, da du schon dann so jammervoll und schmerzlich klagst, wenn nur erst ein wenig von deinem Glück dir entschwunden ist! Wer ist denn so vollkommen glücklich, daß er nicht mit irgend etwas dennoch unzufrieden wäre? Es ist überhaupt eine mißliche Sache um das menschliche Glück, das nie zur vollen Entfaltung kommt und nie beständig verweilt: Unendlich reich ist der eine, aber ihn schändet sein unedles Blut. Den anderen stellt seine hohe Geburt an einen allen sichtbaren Platz, aber bei der Kleinheit seines Vermögens wäre es besser für ihn, wenn er unbekannt und in der Verborgenheit leben könnte. Ein anderer besitzt Reichtümer und ist auch von hoher Geburt, aber traurig und ehrlos lebt er dahin. Jener freite mit Freuden, aber er bleibt kinderlos und seine Güter werden einst einen fremden Erben bereichern. Noch ein anderer ist mit Nachkommenschaft gesegnet, aber Kummer und Thränen verursachen ihm die Unthaten seiner Söhne und Töchter. – So ist wohl niemand völlig mit seinem Lose zufrieden. Bei jedem giebt es einen wunden Punkt, den der Unkundige nicht bemerkt, der den Wissenden aber mit Entsetzen erfüllt! – Dazu kommt, daß die Glücklichen und jedes Mißgeschicks Ungewohnten ein so außerordentlich empfindliches Gemüt besitzen und, wenn nicht alles nach Wunsch geht, durch die geringste Kleinigkeit niederge- schmettert werden! Ja, es gehört wirklich unendlich wenig dazu, um gerade die am reichsten Begnadeten vom Gipfel des Glückes herniederzustürzen. - Anderseits aber würden sich viele Menschen fast im Himmel glauben, wenn ihnen auch nur ein kleiner Teil von dem dir noch gebliebenen Glück zu teil geworden wäre! Dieser Ort selbst, den du ein ›Exil‹ nennst, ist er nicht die Heimat seiner Bewohner? Wahrlich, nur das ist elend, was du selbst dafür hältst, und jedes Los ist ein glückliches für den, der es mit Seelenruhe auf sich nimmt. Wer ist denn so vollkommen glücklich, daß er nicht in Augenblicken der Unzufriedenheit dennoch seine Lage zu verbessern wünschte?! Wieviel Bitternis mischt sich nicht in die Süßigkeit des menschlichen Glücks! Wer es genießt, dem scheint es zwar köstlich zu sein, aber wenn es dann wieder verschwinden will, so ist keine Macht der Erde imstande, es aufzuhalten!

Wie unvollkommen ist also die auf irdischen Dingen aufgebaute Glückseligkeit, die weder dem Gleichmütigen dauernd treu bleibt, noch dem Geängsteten völlig den Kummer hinwegnimmt!

Weshalb, ihr Sterblichen, sucht ihr also das Glück außer euch, da es doch nur in euch begründet sein kann? Irrtum und Unwissenheit umdüstern euch in eurem Thun! Ich will dich in Kürze auf das innerste Wesen der wahren Glückseligkeit hinweisen. Wenn ich dich fragte: ›Giebt es denn irgend etwas, das dir teurer wäre, als du selbst?‹ so würdest du ohne Zweifel mit ›Nein‹ antworten. In dir selber besitzest du also etwas, was du nie verlieren wirst und was dir auch das Schicksal niemals rauben kann.

Daß aber in allen übrigen, dem Zufall unterworfenen, Dingen kein Glück bestehen kann, das magst du aus folgenden Erwägungen erkennen:

Wenn die wahre Glückseligkeit das höchste Gut der vernunftbegabten Wesen ist, wenn ferner das höchste Gut, da das sicher Besessene immer von größerem Wert ist, nicht etwas Verlierbares sein kann, so ist es klar, daß diese wahre Glückseligkeit nie auf dem unsteten irdischen Glücke beruht. Denn wem dies letztere beschert ist, der weiß entweder, daß dasselbe vergänglich ist, oder er weiß es nicht. Weiß er es nicht, so kann die blinde Unwissenheit ohne Frage doch keine Glückseligkeit begründen. Weiß er es aber, so kann er ebenfalls nicht glücklich werden, da er beständig fürchten muß, dasjenige wieder zu verlieren, an dessen Verlierbarkeit er selbst keinen Augenblick zweifelt! Tröstet er sich aber, indem er das Verlorene hinterher für verächtlich und wertlos hält, so kann es eben auch nur ein geringes Gut gewesen sein, dessen Verlust er mit solchem Gleichmut zu tragen vermag.

Und nun noch eins: Ich weiß ja von dir, daß du davon überzeugt bist und daß es dir durch unzählige Beweise zur Gewißheit geworden ist, daß die Seelen der Menschen unsterblich sind. Da es aber ferner auch gewiß ist, daß das zufällige irdische Glück mit dem Tode sein Ende erreicht, so kann doch nicht daran gezweifelt werden, daß, wenn diese Art des Glücks die wahre Glückseligkeit verleihen könnte, daß dann das ganze Menschengeschlecht durch den Tod ins Unglück hinabsinken müßte!

Nun wissen wir aber, daß viele das Ziel der Glückselig-keit mit dem Tode, mit Schmerzen und Qualen zu erreichen suchen:

Wie ist es also möglich, daß das gegenwärtige Leben den Menschen die Glückseligkeit zu bringen vermag, da sie doch der Verlust desselben nicht unglücklich machen kann?

Wer sich ein Heim mit Vorsicht
Dauernd will begründen,
Das keiner Stürme Gewalten
Niederzureißen vermöchten,
Das auch des drohenden Meeres
Rasenden Fluten trotzte:
Der baue nicht hoch auf den Bergen,
Nicht auf dem lockeren Sande!
Denn mit allen Kräften umtoset
Bergeswipfel der Südwind,
Und nicht vermag es der Treibsand
Schwankende Last zu tragen!
Vermeide des lieblichen Sitzes
Viele geheime Gefahren!
Bescheiden errichte das Heim dir,
Aber auf festem Grunde!
Wenn dann auch peitschen die Stürme
Trümmerbedeckte Wogen,
Wirst du hinter kräftigen Mauern
Sicher, ruhig und friedlich
Ein heiteres Leben genießen,
Spottend des zürnenden Himmels!

Du zeigst dich nun aber schon bedeutend empfänglicher für die Heil-
kräfte meiner Vernunftgründe und ich kann es daher wohl wagen,
schon jetzt zu etwas kräftigeren Mitteln überzugehen!
Nehmen wir also einmal an, daß jene Glücksgüter nicht so durchaus
vergänglich und flüchtig seien: ist in ihnen denn irgend etwas zu
finden, das in Wahrheit euer Eigentum werden könnte oder das auch
bei näherer Betrachtung und Prüfung seinen Wert nicht vollständig
verlöre? – Liegt denn der Wert der Reichtümer in euch, in eurer
Schätzung, oder in ihrer eigenen Natur begründet? Und was ist denn
wertvoller, Gold, oder ein Haufe von Kupfergeld? – Diese Dinge
verleihen doch auch dadurch, daß man sie ausgibt, weit mehr Glanz,
als dadurch, daß man sie in Haufen ansammelt, denn der Geiz macht
immer verhaßt und Ansehen schafft nur die Freigebigkeit.
Da aber dasjenige nicht bei mir verbleiben kann, was von mir auf
einen anderen übertragen wird, so ist das Geld nur dann wertvoll,

wenn es durch freigebigen Gebrauch in anderer Hände gelangt und damit aus dem Besitz des Gebers ausscheidet.

Dasselbe Geld aber würde, wenn es in großer Menge in die Hand eines einzelnen kommt und von überallher bei ihm zusammenströmt, von den übrigen Menschen entbehrt werden. Während also die menschliche Stimme sich ausbreitet und in gleicher Stärke zu den Ohren vieler dringt, können eure Reichtümer nur in verringerter Menge auf eine größere Zahl von Besitzern übergehen und müssen dann diejenigen, von denen sie weichen, in Armut zurücklassen! Wie klein und dürftig sind also doch diese eure Reichtümer, die weder von mehreren in ihrem ganzen Umfang besessen werden, noch irgend einem zu teil werden können, ohne zugleich die Verarmung der übrigen herbeizuführen!

Aber laß uns weiter gehen! Zieht nicht der Glanz der Edelsteine die Augen auf sich? Wenn aber dieser Glanz wirklich etwas Köstliches ist, so liegt jenes Feuer hoch immer in den Edelsteinen, nicht aber in den Menschen, die sie tragen oder besitzen. Angesichts dieser Thatsache muß ich mich aber sehr darüber wundern, daß die Menschen überhaupt Bewunderung für diese Dinge empfinden können! Denn welches Ding, das der bewegenden und zusammenfassenden Kraft einer ihm innewohnenden Seele entbehrt, kann denn von einem beseelten und vernunftbegabten Wesen überhaupt für schön gehalten werden? Wenn nämlich jenen Dingen auch die schmückende Hand des Schöpfers eine gewisse Schönheit verliehen hat, so stehen sie doch immer himmelweit hinter eurer eigenen Vollkommenheit zurück und verdienen daher eure Bewunderung in keiner Weise!

Erfreut euch ferner nicht auch die Schönheit der Landschaft? – Nun ja, sie ist ein schöner Teil des schönsten Schöpfungswerkes. So erfreut uns auch oft der Anblick des ruhig daliegenden Meeres, so bewundern wir den Himmel, die Sterne, die Sonne und den Mond: Steht denn aber wirklich irgend eins dieser Dinge in so unmittelbarer Beziehung zu dir, daß du selbst mit seinem Glanze prunken könntest! Schmückst du etwa dich selbst mit den Blumen des Frühlings, oder bringt deine eigene Fruchtbarkeit die Gaben des Sommers hervor? Warum läßt du dich denn hinreißen zu so grundloser Freude? Wie kannst du die Güter der Außenwelt dir selbst zuschreiben wollen?

Nie wird das Glück dir dasjenige zu eigen werden lassen, was nach der Natur der Dinge ganz außer dir liegt!

Die Früchte der Erde dienen zwar zweifelsohne der Ernährung der lebenden Menschen. Wenn du aber auch deine Bedürfnisse, so wie es die Natur erfordert, befriedigen sollst, so darfst du doch nicht nach überflüssigen Gaben des Glückes verlangen! Mit Wenigem und Geringem ist die Natur zufrieden: Wenn du sie aber nach erreichter Sättigung noch mit Überflüssigem belästigen willst, so wird dir das im Übermaß Genossene mindestens unangenehm, oft aber geradezu gefährlich werden!

Du findest es ferner schön, in farbenprächtigen, reich drapierten Kleidern zu glänzen. Wenn aber deren Äußeres auch wirklich schön anzusehen ist, so wird daran doch immer nur die Art des Stoffes oder das Geschick des Verfertigers bewundert!

Ein zahlreicher Dienertroß endlich wird auch nicht imstande sein, dich glücklich zu machen. Denn wenn es böse, sittenlose Menschen sind, so sind sie eine verderbliche Last für das Haus und dem Herrn selber gefährlich. Andernfalls aber, wenn sie ehrbar sind, kannst du dann diese fremde Tugend zu deinen eigenen Schätzen zählen?

Aus allem bisher Gesagten ergiebt sich unwiderleglich, daß kein einziges von all den Dingen, die du zu seinen Gütern rechnest, wirklich dein Eigentum sein kann. Wenn sie also auch nicht einmal von begehrenswerter Schönheit sind, warum trauerst du dann, wenn du sie verlierst, und warum freust du dich, wenn sie dir bleiben? Wenn sie aber von Natur, an sich, schön sind, welchen Wert kann denn das für dich haben? Sie würden doch gefallen, auch wenn sie nicht zu deinen Gütern gehörten! Nicht deshalb nämlich sind sie so kostbar, weil sie ein Teil deiner Reichtümer werden, sondern weil sie kostbar erscheinen, deshalb eben hast du danach gestrebt, deinen Schätzen einzuverleiben!

Was wollt ihr Menschen denn eigentlich erreichen, wenn ihr so heiß nach dem Glücke verlangt? Dem Mangel wollt ihr durch den Überfluß entgehen! Aber gerade das Gegenteil erreicht ihr damit!

Denn zahlreiche Hilfsmittel sind nötig zur Unterhaltung eines mannigfachen, kostbaren Hausrates und es ist ein wahres Wort, daß diejenigen, die vieles besitzen, auch viele Bedürfnisse haben, diejenigen dagegen sehr wenige, die ihren Reichtum nach den Erfordernissen der Natur bemessen und nicht nach ihrem persönlichen Verlangen nach Überfluß!

Giebt es denn aber gar kein euch wirklich zu eigen gehörendes und euch innewohnendes Gut, daß ihr das Glück in äußeren und entfernten Dingen suchen müßt? So verkehrt ist die Welt, daß das durch die Gabe der Vernunft Gott ähnliche Wesen durch den Besitz leblosen Tandes glänzen zu können glaubt! Andere Wesen sind mit den ihnen vom Schöpfer verliehenen Gaben zufrieden, ihr aber, die ihr an Geist Gott ähnlich seid, ihr sucht mit den eitelsten und niedrigsten Dingen eure erhabene Natur zu schmücken und seht nicht ein, wie sehr ihr damit euren Schöpfer beleidigt! Er nämlich wollte, daß das Menschengeschlecht weit über alles irdische hervorragen sollte, ihr aber erniedrigt eure Würde unter die allerverächtlichsten Dinge! Denn wenn jedes Gut notwendigerweise kostbarer ist als sein Besitzer, dann stellt ihr euch in eurer Wertschätzung selbst unter die allergeringsten Sachen, da ihr in ihnen euer höchstes Gut zu sehen glaubt.

Mit dieser Wertschätzung habt ihr aber im Grunde ganz recht. Denn in der Natur der Menschen liegt es begründet, daß sie nur dann über alle übrigen Dinge hervorragen, wenn sie sich selber erkennen, daß sie aber noch unter die Tiere herabsinken, wenn sie dies nicht mehr vermögen. Bei den übrigen lebenden Wesen liegt nämlich das Fehlen der Selbsterkenntnis in ihrer Natur, bei den Menschen aber ist es ein sittlicher Mangel.

Eure irrtümliche Ansicht, als ob irgend einem Dinge ein fremder Schmuck zur wahren Zierde gereichen könne, ist nun allerdings unendlich weit verbreitet. In Wahrheit verhält es sich aber ganz anders. Denn wenn ein Ding lediglich durch sein äußeres Beiwerk glänzt, so ist es eben dieses Beiwerk allein, das an ihm gelobt wird, während das von ihm bedeckte und verhüllte Ding selbst in seiner ursprünglichen Häßlichkeit verharrt.

Ich behaupte nun ferner, daß dasjenige kein Gut ist, das seinem Besitzer Schaden bringen kann. Habe ich nicht recht? ›Gewiß‹, wirst du sagen. Nun sind aber die Reichtümer doch sehr oft ein Schaden für ihre Besitzer, da durch sie ein schlechter Charakter nur noch gieriger wird nach fremdem Gut und am Ende sich allein für würdig hält, alles zu besitzen, was irgendwo an Gold und Kleinodien zu finden ist!

Und würdest nicht auch du, der du dich jetzt vor Speer und Schwert so ängstlich scheust, von keinem Straßenräuber in deiner unbefangenen Fröhlichkeit gestört werden können, wenn du von allem Besitz entblößt den Lebenspfad beschritten hättest? Ja wahrlich, es ist ein herrliches Glück, das menschlicher Reichtum gewährt! Bist du in seinen Besitz gelangt, so hat das Gefühl der Sicherheit dich damit für immer verlassen!

Ihr seligen Zeiten der Alten!
Da genügten der Äcker Erträge,
fremd war der entnervende Luxus,
leicht fand sich die nährende Eichel,
am Abend den Hunger zu stillen.
Fremd war noch die Sitte, zum Weine
den flüssigen Honig zu mischen,
die glänzende Wolle der Serer
mit tyrischem Purpur zu färben.
Schlaf gab da das Lager im Grase,
den Trunk das Flüßchen, das klare,
die Pinie spendete Schatten!
Noch nicht durchfurchte der Kaufmann
das Meer, um Waren zu sammeln
und ferne Gestade zu schauen.
Nicht schallte die Kriegestrompete,
nicht färbte verderbliche Feindschaft
mit Blut die schrecklichen Waffen!
Warum auch sollten denn damals
die Feinde die Waffen ergreifen?
Man sah nur die schrecklichen Wunden,
und nichts ward erreicht durch das Blutbad!
O kehrten die heutigen Zeiten
zurück zu den Sitten der Alten!
Doch heißer entbrannte die Habgier
als Ätnas glühendes Feuer!
Wer war der unselige Finder
des Goldes, der Edelgesteine,
der tief sie dem Schoße der Erde
zu unserm Verderben entlockte?!

Was soll ich nun ferner von den staatlichen Ehrenstellen und der staatlichen Macht sagen, die ihr, der wahren Ehre und der wahren Macht unkundig, in eurer Wertschätzung dem Himmel vergleicht? Werden sie einem ganz verworfenen Menschen zu teil: kann dann der Ätna mit seinen hervorbrechenden Flammen, kann dann die verherendste Überschwemmung ein größeres Unheil anrichten, als sie? – Haben doch eure Vorfahren, wie du dich wohl erinnern wirst, die Würde des Konsulats, die den Beginn der Freiheit bezeichnet, wegen der Überhebungen der Konsuln wieder abschaffen wollen, nachdem sie vorher, wegen ähnlicher Überhebung, den königlichen Titel aus dem Staate verbannt hatten!

Werden aber jene Gewalten ehrbaren Männern übertragen, gefällt dann an ihnen etwas anderes als eben die Ehrbarkeit ihrer Träger? Es wird also nicht die Tugend durch jene Würde, sondern im Gegenteil: jene Würde wird durch die Tugend geehrt!

Wie ist es nun aber mit der von euch so heiß begehrten, so hoch gepriesenen Macht bestellt? Bedenkt ihr denn nicht, ihr irdischen Geschöpfe, wer ihr seid und über wen ihr herrscht, wenn ihr wirklich zur Gewalt gelangt? Wenn du sehen würdest, wie sich unter einer Schar von Mäusen die eine ein Recht und eine Macht über die anderen anmaßen wollte, in welch ein Gelächter würdest du ausbrechen!

Ist nun aber nicht, wenn du nur auf den Körper siehst das denkbar schwächste Geschöpf gerade der Mensch, den so oft ein kleines Insekt durch seinen Biß oder durch Eindringen in seinen Körper zu töten vermag?! Wenn sich aber jemand ein Recht über einen andern anmaßt, so kann sich dies doch nur auf dessen Körper beziehen und auf das, was vom Körper abhängt, sein Hab und Gut und überhaupt sein äußeres Geschick. Oder kannst du etwa einem freien Geiste irgend etwas befehlen? Kannst du ein in sich harmonisches, selbstgesetzten, festen Prinzipien folgendes Gemüt aus dem Zustande seiner inneren Ruhe durch Anwendung äußerer Gewalt herausdrängen?! Als einst ein wütender Tyrann einen freien Mann durch Qualen zu zwingen wähnte, die Teilnehmer an einer gegen ihn angezettelten Verschwörung zu verraten, da biß sich dieser selbst die Zunge ab und spie sie seinem Peiniger ins Gesicht! – Die Qualen also, in denen der Tyrann seine Grausamkeit offenbarte, gaben dem Weisen nur Gelegenheit, seine Tugend zu bethätigen!

Giebt es denn aber überhaupt irgend etwas, das wir einem andern zufügen könnten, ohne fürchten zu müssen, daß auch wir selbst es wiederum von einem andern erleiden könnten? Wir alle kennen die Geschichte von Busiris, der seine Gäste zu ermorden pflegte und der dann schließlich selbst wieder von seinem Gaste Herkules umgebracht wurde. Wir wissen auch, daß Regulus zahlreiche Punier im Kriege gefangen genommen und mit Ketten belastet hatte, daß er am Ende aber selbst seine Hände den Fesseln darbieten mußte! – Kannst du nun aber glauben, daß ein Mensch überhaupt irgend welche Macht besitze, wenn er es nicht verhindern kann, daß das von ihm einem andern angethane Leid nicht auch ihm selbst wieder zugefügt werde?

Die Sache läßt sich aber noch aus einem andern Gesichtspunkt betrachten. Wenn nämlich jene irdischen Ehren und Würden etwas von Natur und an sich Gutes enthielten, so würden sie niemals wirklich schlechten Menschen zu teil werden können. Gegensätzliche Dinge pflegen sich nämlich nicht zu vereinigen, denn es widerstrebt der Natur, das sich geradezu Widersprechende miteinander zu verknüpfen. Da nun aber ohne Zweifel oft die nichtswürdigsten Subjekte mit den höchsten Würden bekleidet werden, so können die letzteren unmöglich etwas an sich Gutes darstellen.

Dasselbe kann man nun mit gleichem Recht auch von allen anderen Glücksgütern sagen, da auch sie gerade dem Unredlichen immer in besonders reicher Fülle zu teil werden. Über diesen Punkt laß uns aber noch einige weitere Betrachtungen anstellen. Um aber die Sache durch Vergleichung mit ihrem Gegenstück noch klarer werden zu lassen, mache ich dich darauf aufmerksam, daß die mit physischer Kraft und Schnelligkeit begabten Menschen auch von allen für stark und schnell gehalten werden. Ebenso macht die Musik den Musiker, die Heilkunde den Arzt und die Beredsamkeit den Redner. Hierbei nämlich bethätigt die Natur eines jeden Dinges ihr eigenstes Wesen und vermischt sich nicht mit entgegengesetzten Wirkungsäußerungen, überwindet vielmehr das ihr Widerstrebende.

Anderseits können aber weder Reichtümer die unersättliche Habgier überwinden und einschränken, noch verleiht die äußere Macht demjenigen die Herrschaft über sich selbst, den lasterhafte Begierden in unlösbare Fesseln verstrickt hatten.

Ebenso macht auch die einem Unredlichen übertragene Würde diesen keineswegs wahrhaft würdig, sondern stellt im Gegenteil seine Verworfenheit nur in ein noch helleres Licht.

Woher kommt das nun aber?

Der Grund liegt in eurer Gewohnheit, die Dinge mit Namen zu bezeichnen, die ihrer Natur geradezu widersprechen und die durch die Bethätigung jener Dinge selbst Lügen gestraft werden. Weder jene Reichtümer noch jene Macht und Würde haben ein Recht auf diese Bezeichnungen!

Schließlich kann dasselbe von dem gesamten sogenannten Glück gesagt werden, das offenbar nichts Begehrenswertes und nichts von Natur Gutes in sich birgt, nicht immer den Guten zu teil wird und auch diejenigen, denen es wirklich in den Schoß fällt, nicht zu guten Menschen machen kann!«

> Jeder kennt das schreckliche Wüten Neros,
> der die Stadt verbrannte, die Väter würgte,
> der den Bruder mordete wild und grausam,
> dem die Hand befleckte das Blut der Mutter!
> Als er diese geschaut als starre Leiche,
> fand er keine Thränen und sprach frivol noch
> von der Toten früherer großer Schönheit!
> Solch ein Mensch beherrschte die fernsten Völker,
> die, wenn abends tief er ins Meer hinabtaucht,
> Phöbus schaut und wenn er im Osten aufgeht,
> denen eisig leuchten die sieben Sterne,
> die des Südwinds trockene Glut empfinden,
> fern im ewig glühenden Wüstensande!
> Endlich aber setzte des Himmels Allmacht
> doch ein Ziel dem wütenden Treiben Neros!
> Schweres Schicksal, wenn es der schnöden Willkür
> böser Fürsten leiht die Gewalt des Schwertes!

Hierauf entgegnete ich: »Du weißt ja selbst, daß mich niemals ein ehrgeiziges Streben nach irdischen Dingen beseelte. Aber nach einem Felde der Thätigkeit habe ich verlangt, auf dem die Tugend sich bewähren könnte und nicht schweigend zu altern verurteilt wäre.«

»So ist es ja immer,« erwiderte meine Gefährtin, »die von der Natur mit reichen Gaben ausgestatteten, aber noch nicht zur vollendetsten Entfaltung ihrer Tugend vorgeschrittenen Geister fühlen sich ja immer angelockt durch das Verlangen nach Ruhm und durch den Wunsch, sich durch hervorragende Verdienste um den Staat einen großen Namen zu machen.

Wie klein und völlig wertlos aber diese Ziele eures Strebens sind, das magst du aus folgender Betrachtung ersehen:

Aus den Demonstrationen der Astrologie hast du erfahren, daß unsere Erde in ihrem ganzen Umfang nur als ein Punkt im Himmelsraum erscheint und daß man ihr im Vergleich zu der Unendlichkeit des Weltenraums eigentlich überhaupt keine Ausdehnung zusprechen kann. Von diesem so winzigen Abschnitt der Welt ist aber nach den Lehren des Ptolemäus nur etwa der vierte Teil von uns bekannten lebenden Wesen bewohnt. Wenn man ferner von diesem Viertel, noch dasjenige abzieht, was von Meeren und Sümpfen oder von dürren, wüsten Steppen bedeckt ist, so bleibt kaum der allerkleinste Raum zum Bewohnen für die Menschen übrig. In diesem kleinsten Teil eines Punktes seid ihr eingeengt und eingeschlossen, und trotzdem denkt ihr noch an Ausbreitung eures Ruhmes und an Bekanntmachung eures Namens! Kann man denn bei einem Ruhm, der auf so enge Grenzen beschränkt ist, überhaupt von Ausdehnung und von Glanz reden?!

Aber höre weiter! In diesem engen, von Menschen bewohnten Bezirk finden sich nun zahlreiche Völker, die in ihrer Sprache, in ihren Sitten, in ihrer ganzen Lebensauffassung unter sich und von euch unendlich verschieden sind. Zu vielen von ihnen vermag nun, teils wegen der Unzulänglichkeit der Land- und Wasserstraßen, teils wegen der Verschiedenheit der Sprachen, teils endlich wegen der Ungewohnheit des Verkehrs überhaupt, nicht einmal die Kunde von ganzen Städten und Staaten, geschweige denn der Ruf eines einzelnen Menschen zu dringen. So hatte sogar zur Zeit des Cicero, wie er selbst in seiner Schrift *De republica* (VI, 13) erzählt, die Kunde von der Existenz des römischen Staates das Kaukasusgebirge noch nicht überschritten, und doch war dieser Staat damals schon machtvoll emporgeblüht und auch den Parthern und den benachbarten Völkerschaften bereits ein furchtbarer Feind!

Du siehst also, wie beschränkt und eingeengt der Ruhm nur sein kann, den ihr so heiß zu verbreiten und auszudehnen strebt! Oder kann etwa der Ruhm eines einzelnen Römers dahin bringen, wo sogar der römische Name selbst bisher noch ganz unbekannt war?!

Ferner ist noch zu berücksichtigen, daß bekanntlich die Sitten und Einrichtungen der verschiedenen Völker derart voneinander abweichen, daß dasjenige, was bei dem einen für lobenswert gilt, bei dem andern mit den härtesten Strafen bedroht ist. Daher kann derjenige, dem an einem ehrenvollen Rufe gelegen ist, gar nicht einmal wünschen, daß sein Name wirklich allen Nationen bekannt werde, sondern jeder wird zufrieden sein müssen, wenn sein Ruhm auch nur unter seinen Volksgenossen verbreitet ist. Auf die engen Grenzen eines einzelnen Volkes beschränkt sich also der glänzende, unsterbliche Ruf!

Wird aber nicht das Andenken vieler zu ihrer Zeit hochberühmter Männer durch das feindselige Schweigen der Schriftsteller vollkommen ausgetilgt? Und was nützt schließlich auch die schriftliche Überlieferung, wenn sie endlich im Verlauf der Zeit mitsamt den Schriftstellern selbst in das Dunkel der Vergessenheit versinkt?!

Die Unsterblichkeit glaubt ihr euch zu sichern, wenn ihr euren Ruhm auf die Nachwelt fortzupflanzen bemüht seid. Wenn du dir aber die unendlichen Zeiträume der Ewigkeit vergegenwärtigst, kann dann der Gedanke an die Dauer deines Namens irgend welchen Reiz für dich haben? Der Umfang eines Augenblicks, verglichen mit einer Zeit von zehntausend Jahren, bildet zwar nur einen sehr geringen, aber doch immerhin einen gewissen Teil dieser letzteren, da eben beides doch begrenzte Zeiträume sind. Anderseits kann aber die Zahl von zehntausend Jahren und selbst noch ein Vielfaches davon mit der unbegrenzten Ewigkeit überhaupt nicht verglichen werden, weil eine Vergleichung zwar zwischen zwei endlichen Größen, niemals aber zwischen einer endlichen und einer unendlichen möglich ist. Wenn also der Ruhm eines Menschen sich auch für lange Zeit erhält, so hat er doch, im Hinblick auf die unbegrenzte Ewigkeit, nicht eine kurze, sondern überhaupt gar keine Dauer!

Trotzdem sind aber für euch Menschen nur die Rücksicht auf die Gunst des Volkes und den eitlen Glanz des Ruhmes die Hauptmotive für ein rechtliches und gutes Handeln;

ihr achtet nicht den Wert der Tugend und des Gewissens und sucht eure Belohnung in fremdem Geschwätz!

Höre nur, wie fein einmal jemand die Eitelkeit dieser verkehrten Bestrebungen verspottet hat! Derselbe hatte nämlich einen Menschen, der sich nicht zur Übung wahrer Tugend, sondern um persönlich stolzen Ruhm zu gewinnen, den Namen eines Philosophen mit Unrecht beilegte, in höhnischen Reden angegriffen und dabei bemerkt: er werde ja nun erfahren, ob jener ein wahrer Philosoph sei, da er dann die ihm zugefügten Beleidigungen still und geduldig hinnehmen werde. Jener aber zwang sich ein Weilchen zur Geduld und sagte dann, als ob er sich über die erfahrene Kränkung mit leichtem Spott hinwegsetzte: ‚Siehst du nun, daß ich ein wirklicher Philosoph bin?' Der andere aber entgegnete mit beißendem Hohn: ›Ich hätte mich davon überzeugt, wenn du geschwiegen haben würdest!‹

Was bleibt aber den wirklich hervorragenden Männern – nur von diesen will ich jetzt reden – die durch ihre Tugend hohen Ruhm zu gewinnen strebten, was bleibt ihnen von diesem Ruhm, wenn ihr Körper am Ende dieses Lebens im Tode vergeht? Wenn nämlich – was unsere Lehren zu glauben verbieten – der Tod den Menschen ganz und gar, seinen Körper und seine Seele, dahinrafft, so muß damit auch der Ruhm vollständig verschwinden, da der, dem er zu eigen war, nicht mehr existiert!

Wenn aber die durch ein gutes Gewissen beglückte Seele, aus dem irdischen Gefängnis erlöst, frei zum Himmel hinanstrebt, verachtet sie dann nicht alles Treiben der Welt und ist sie im Genuß der himmlischen Freuden nicht glücklich, den irdischen Wirren entrissen zu sein?!

> Wer leidenschaftlich nur nach Ruhm allein verlangt
> und für das höchste Gut ihn hält,
> Der blicke vorwärts in des Äthers weiten Raum
> und auf der Erde engen Kreis!
> Es füllt, o Schmach, auch nicht einmal den kleinen Raum
> des Menschen Name, noch so groß!
> Was müht ihr euch, Verwegne, aus dem ird'schen Joch
> den Nacken zu befrei'n, umsonst?!
> Ob auch zu fernen Völkern eilend das Gerücht
> verbreitet weit des Ruhmes Schall,
> Ob auch in hoher Würden Glanz das Haus erstrahlt:

Der Tod verachtet allen Ruhm!
Vornehme, Niedre rafft er hin ohn' Unterschied,
Hoch und Gering gilt gleich bei ihm!
Wo blieb des treuen Manns, Fabricius', Gebein?
Wo Brutus, und Cato, strengen Sinns?
Den leeren Namen zeichnet ja der Nachruhm nur,
mit wenig Lettern, kargend, auf!
Und hören wir des Ruhms, des Lobes Worte auch:
sind fremd uns drum die Toten nicht?!
Verschollen werdet ewig liegen ihr, und auch
der Nachruhm schützt euch nicht davor!
Und wenn ihr glaubt, daß ihr ein länger Leben lebt
durch eures Namens Ruhmesglanz:
Wenn dann auch diesen euch die Zukunft einst entreißt,
umhüllt euch neue Todesnacht!

Damit du aber nicht glaubst, daß ich einen ganz unerbittlichen Krieg
gegen das Glück führe, so gebe ich zu, daß es manchmal den Trug
verschmäht und sich wirklich um die Menschen verdient macht: dann
nämlich, wenn es sich offen zeigt, wenn es seine Stirn entschleiert und
seinen wahren Charakter erkennen läßt. Es ist allerdings seltsam, was
ich damit sagen will und es wird mir schwer, meine Gedanken in
Worte zu fassen, so daß du vielleicht gar nicht verstehen wirst, was
ich meine. Ich behaupte also, daß das Glück dem Menschen dadurch,
daß es ihm untreu wird, oft mehr Nutzen bringt, als wenn es sich ihm
günstig zeigt. In letzterem Falle erscheint es verlockend und täuscht
uns mit dem Schein der Glückseligkeit; in ersterem Fall aber ist es
völlig wahr, indem es sich als unstet und veränderlich zu erkennen
giebt. Das Glück führt irre, das Unglück belehrt! Jenes schlägt die
Gemüter der Menschen durch die Gewährung trügerischer Güter in
Fesseln, dieses wirkt befreiend, indem es die Vergänglichkeit des
Glücks offenbart! Jenes zeigt sich ungestüm und flüchtig und kennt
sein eigenes Wesen nicht, dieses ist nüchtern, gefaßt und verständig
infolge steter widriger Erfahrungen.
Das Glück endlich lockt durch seine Vorspiegelungen den Menschen
oft vom Guten ab, das Unglück führt ihn aber meistens, wenn auch
mit schmerzender Gewalt, zum wahren Gut zurück. –

Hältst du es denn für etwas Geringes, daß das harte, widrige Geschick dich die Herzen deiner treuen Freunde hat erkennen lassen, daß es dir offenbart hat, welche deiner Gefährten dir ihr wahres Gesicht und welche dir ein falsches zeigten?! Denn als das Glück von dir wich, da wichen mit ihm auch diejenigen von hinnen, die nur um seinetwillen sich dir freundlich zeigten, und nur deine wahren Freunde blieben dir im Unglück treu!

Was hättest du für diese Erkenntnisse gegeben, damals als du noch unversehrt dastandest, als du dich noch sicher fühltest im Besitze des Glücks! – Darum höre auf, um die verlorenen Schätze zu klagen, denn den allerköstlichsten Schatz, wahre Freunde, hast du jetzt erst gefunden!«

> Daß der wechselnde Lauf der Welt
> Treulich stetiger Regel folgt,
> Daß die Stoffe verschiedner Art
> Stets ein inniger Bund vereint,
> Daß vom goldnen Gefährt herab
> Phöbus sendet des Tages Glanz,
> Daß uns Luna die Nacht erhellt,
> Die des Hesperus Aufgang folgt,
> Daß die gierige See die Flut
> Schließt in sichere Grenzen ein,
> Daß nicht tief in das Meer hinein
> Dehnt die Fläche das Festland aus:
> Alles dies ist der Liebe Werk,
> Die das Land und das Meer regiert,
> Die den Himmel allein beherrscht!
> Ließ' die Liebe die Zügel nach,
> Dann würd' ewiger Krieg entzwei'n,
> Was noch eben so treu vereint!
> Lösen würden den Weltenbau
> Bald die Kräfte, die sonst so schön,
> Einig immer, das All bewegt!
> Nur die Liebe bewahrt den Pakt,
> Den der Völker Verband beschwor,
> Sie nur knüpfet der Ehe Bund,
> Der die Liebenden keusch vereint,
> Sie nur schreibt die Gesetze vor,
> Denen innige Freundschaft folgt!
> Selig preis' ich die Menschen drum,
> Wenn auch ihnen im Herzen wohnt
> Allumfassende Liebe!

Drittes Buch

Jene hatte ihren Gesang schon beendet, und noch immer saß ich da, begierig, mehr zu hören, staunend, mit lauschendem Ohr, von dem Zauber des Liedes gebannt. Nach einer Weile aber sprach ich: »O du höchster Trost aller bedrängten Seelen, wie sehr hat mich schon die überzeugende Kraft deiner Lehren und der süße Wohllaut deines Gesanges erquickt! Schon halte ich mich nicht mehr für so wehrlos gegenüber den Schlägen des Schicksals, ich fürchte mich nicht mehr vor den kräftigeren Heilmitteln, die du vorhin in Aussicht gestellt hast, sondern ich sehne mich nach ihnen mit heißem Verlangen!«

Sie entgegnete: »Ich habe das schon bemerkt, als du meinen Worten in schweigender Aufmerksamkeit lauschtest, und ich habe diese Wandlung deines Sinnes erwartet oder vielmehr selber herbeigeführt. Was aber noch übrig ist, das brennt zwar auf der Zunge, aber wenn es ins innere des Körpers aufgenommen ist, so wirkt es heilend und lindernd. Wenn du aber, wie du sagst, so sehr danach verlangst, mehr zu hören: welch brennende Sehnsucht wird dich dann erst erfassen, wenn du erkennst, wohin ich dich führen will!« – »Wohin denn?« fragte ich. – »Zum wahren Glück,« sagte sie, »zu jenem Glück, von dem dein Geist zwar schon eine traumhafte Ahnung hat, das er aber noch nicht völlig erkennen kann, da trügerische Bilder seine Augen noch blenden!« »Wohlan,« rief ich, »zeige mir, ich beschwöre dich, ohne Zaudern die wahre Glückseligkeit!« »Mit Freuden bin ich dazu bereit,« entgegnete sie,»aber zuvor muß ich noch eine dir näher liegende Sach besprechen und erläutern, damit du, wenn du hier klar siehst, auf der andern Seite auch das Bild der wahren Glückseligkeit zu erkennen vermagst!«

> Willst mit Erfolg du den Acker bestellen,
> Mußt du entfernen zuvor das Gestrüppe,
> Mußt ihn befreien von Dornen und Steinen:
> Reicher dann lacht dir die kommende Ernte!
> Hast du gekostet von bitterer Speise,
> Süßer dann mundet das Werk dir der Bienen!
> Brachte der Südwind Donner und Regen,
> Dann um so schöner erglänzen die Sterne,
> Und nach dem nächtlichen Dunkel verkündet
> Lucifer immer das Nahen des Tages!
> Darum auch du, der nach trügendem Glück
> Strebte bisher: befreie dich endlich!
> Siehe, das wahre Glück schauest du nun!

Nachdem sie geendet, saß sie ein Weilchen mit gespanntem und gleichsam in das Innere ihrer eigenen hehren Seele zurückgewandtem Blicke schweigend da. Dann fuhr sie fort: »Alles Dichten und Trachten der Menschen, wie es sich in ihren so mannigfaltigen Bestrebungen bethätigt, schlägt zwar äußerlich sehr verschiedene Wege ein, aber schließlich läuft es doch immer auf das eine letzte Ziel, die Erlangung der Glückseligkeit, hinaus. Diese aber ist das höchste Gut, nach dessen Erlangung nichts mehr zu wünschen übrig bleibt. Es ist das höchste Gut, das alles Begehrenswerte in sich enthält. Denn wenn ihm auch nur das Geringste fehlte, so würde eben noch etwas außer ihm zurückbleiben, das wünschenswert erscheinen könnte, und dann wäre es eben nicht mehr das höchste Gut. Die Glückseligkeit ist also derjenige Zustand, der mit allen Gütern ohne Ausnahme überschüttet und dadurch zum allervollkommensten erhoben ist. Diesen Zustand nun erstreben, wie ich vorhin sagte, alle sterblichen Menschen, wenn auch auf verschiedenen Wegen. In aller Herzen hat die Natur das Verlangen nach dem wahren Gut hineingepflanzt, und dies Verlangen ist nur durch trügenden Irrtum nach falschen Zielen abgelenkt. Die einen sehen das höchste Gut in dem Freisein von jedem Mangel und streben deshalb nach Reichtum und Überfluß. Andere wieder, weil sie dies für das Schätzenswerteste halten, streben danach, sich hohe Würden zu erringen und dadurch eine achtunggebietende Stellung unter ihren Mitbürgern einzunehmen. Noch andere sehen in der höchsten Macht das höchste Gut, und deshalb wollen sie entweder selber herrschen oder sie suchen sich an die Herrschenden heranzudrängen und Einfluß auf sie zu gewinnen. Diejenigen wieder, die den Ruhm für das Höchste halten, suchen durch hervorragende Thaten im Kriege oder im Frieden ihren Namen bekannt zu machen. Den meisten aber ist die Freude und die Lust der einzige Wertmesser des Glücks, dessen Gipfel sie im völligen Aufgehen im Genuß erblicken. – Es giebt endlich auch solche, die nach einem der genannten Dinge streben, aber nur um dadurch eines andern teilhaftig zu werden: so wünschen sich einige Reichtümer, um durch sie Macht zu gewinnen oder sich Vergnügen und Lust bereiten zu können, andere dagegen streben nach Macht, um dadurch zu Reichtum oder zu Ruhm zu gelangen.

So richtet sich also alles Thun und Wünschen der Menschen auf die genannten Dinge und noch auf manche andere, wie z.B. auf Vornehmheit und Volksgunst, weil diese einen gewissen Glanz verleihen, oder auf den Besitz von Gattin und Kindern, zur Verschönerung des häuslichen Lebens, und was endlich die Freunde anlangt, so sind diejenigen, die diesen Namen in seiner edelsten Bedeutung führen, nicht ein Geschenk des Glücks, sondern ein Lohn der Tugend, die andern aber sind willkommen, teils zur Vermehrung der Macht, teils aber nur zur Unterhaltung.

Ferner werden bekanntlich auch körperliche Vorzüge zu den höchsten Gütern gerechnet. Körperliche Kraft und Größe scheint nämlich Macht zu gewährleisten, Schönheit und Zierlichkeit scheint Ansehen und Beliebtheit zu gewinnen, Gesundheit aber den vollsten Genuß des Lebens zu ermöglichen. Und in allen diesen Dingen, in Macht, Beliebtheit und Genuß erstrebt man eben die höchste Glückseligkeit. Denn das, was jemand vor allem andern begehrt, das hält er für das höchste Gut und das höchste Gut haben wir vorhin als die höchste Glückseligkeit definiert. Denjenigen Zustand hält man also für den glückseligsten, den man vor allen andern sich wünscht.

Ich habe dir also jetzt vor Augen geführt, als Formen des menschlichen Glücks: Reichtum, Ehre, Macht, Ruhm und Vergnügen. Epikur betrachtet nun alle diese Dinge einfach an sich und sagt dann ganz folgerichtig, daß für ihn das Vergnügen dies höchste Gut sei, weil eben auch alles andere schließlich dem Geiste Vergnügen bereite. Ich kehre nun aber zu dem Streben der Menschen zurück, deren Geist ein ihm ursprünglich eigenes Gut wiederzuerlangen begehrt, wenn er sich desselben auch nur noch dunkel als seines Eigentums erinnert und wie ein Trunkener nicht mehr weiß, welcher Weg ihn wieder nach Hause zurückführt.

Irren nun etwa diejenigen, die jeden Mangel von sich fern zu halten trachten? Sicher kann doch aber nichts in dem Maß Glückseligkeit bereiten, wie ein mit allen Gütern gesegneter Zustand, der keines außer ihm liegenden Dinges mehr bedarf und sich selber völlig genügt.

Irren nun aber etwa die, welche das Beste in der Welt für das Achtungs- und Verehrungswürdigste halten? Mit nichten, denn dasjenige, dessen Erreichung das Ziel des Strebens fast aller Sterblichen ist, kann gewiß nichts Wertloses und Verächtliches sein!

Oder ist etwa die Macht nicht zu den Gütern zu zählen? Wie? Kann denn dasjenige für schwach und kraftlos gelten, was sich thatsächlich alle Dinge unterwirft?

Oder ist das Ansehen wertlos? Es ist doch nun einmal so, daß alles, was höchst vortrefflich ist, sich auch des höchsten Ansehens erfreut! Daß aber die Glückseligkeit auch nicht voll Angst und Trauer und dem Schmerz und Leid unterworfen sein kann, brauche ich wohl gar nicht mehr hinzuzufügen, da ja schon bei den kleinsten Dingen vor allem danach gestrebt wird, daß ihr Besitz uns Genuß und ungetrübte Freude bereite!

Das also ist der Grundzug alles Strebens der Menschen: sie verlangen nach Reichtümern, Ehrenstellen, nach Herrschaft, Ruhm und Lust, weil sie glauben, daß ihnen durch diese Dinge eine sich selbst genügende, alle weiteren Wünsche ausschließende Würde, Macht, Berühmtheit und Freude zu teil werde!

Das höchste Gut ist das Ziel des so unendlich verschiedenen Strebens der Menschen, und es ist nun leicht zu zeigen, wie großen Einfluß auf die nähere Gestaltung dieses Strebens und die Wertschätzung jenes höchsten Gutes der Charakter des einzelnen hat. Denn wenn auch alle das eine Ziel, eben das höchste Gut, vor Augen haben, so sind im einzelnen doch die Ansichten darüber äußerst verschieden und mannigfaltig.

> Wie mächtig die Zügel regiert die Natur,
> Nach weiten Gesetzen sie weise bewahrt
> Und lenkt den unendlichen Kreis der Welt
> Und alles umschlingt mit ewigem Band:
> Das will ich verkünden in lautem Gesang
> Zum Klang der schwingenden Saiten!
> Zwar tragen die Löwen aus Punierland
> Die glänzenden Fesseln, und nehmen so zahm
> Aus der Hand die Speisen, und fürchten so feig
> Die strafende Rute des Wärters!
> Doch kosten sie wieder das dampfende Blut.
> Da bricht die verhaltene wilde Natur
> Von neuem hervor mit grausem Gebrüll!
> Da befrei'n sie den Nacken vom fesselnden Zwang,
> Da erfährt als erster die rasende Wut,
> Zerfleischt von den Zähnen, der Wärter!

In den Käfig hat man den Vogel gebannt,
Der eben noch sang auf ragendem Zweig.
Da bereitet das Mahl ihm, so reich wie noch nie,
Da füllt ihm den Napf mit Honig so süß
Die liebende Sorge der Menschen.
Doch wenn er dann, hüpfend im engen Gemach,
Den schattenden Wald, den geliebten, erblickt:
Dann stößt er das Futter hinweg mit dem Fuß:
Die Wälder allein ersehnt sein Sinn
Und es ruft die Wälder sein klagender Sang!
Das Bäumchen, von kräftigem Arme gebeugt,
Zur Erde senkt es den Wipfel hinab.
Doch sobald es befreit von der zwingenden Hand,
Da schnellt es von neuem zum Himmel empor!
Wenn Phöbus versank in hesperische Flut,
Dann führt er den Wagen auf heimlichem Pfad
Zu des Aufgangs heimischer Stätte zurück.
So kehrt nun ein jedes zum Ausgang zurück
Und freut sich der Quelle, der einst es entsproß,
Und die einzige Ordnung von festem Bestand
Ist die, die den Anfang dem Ende vereint
Und stets ohne Wandel den Kreislauf vollbringt!

Auch ihr, ihr irdischen Wesen, habt von eurem Ursprung, wenn er
euch auch nur als ein unbestimmtes Schattenbild vorschwebt, doch
immerhin noch eine gewisse traumhafte Ahnung, und wenn ihr jenes
wahre Ziel der Glückseligkeit auch nicht mehr klar und deutlich
erkennt, so ist eine gewisse Vorstellung davon euch dennoch
geblieben. Zur Glückseligkeit, zu dem wahren Gut, führt euch ein
natürlicher Trieb, aber mannigfach wechselnder Irrtum lenkt eure
Schritte wieder vom rechten Wege ab. Prüfe doch einmal, ob die
Menschen durch die Dinge, in denen sie die Glückseligkeit zu
erlangen hoffen, wirklich das vorgesteckte Ziel zu erreichen
vermögen! Zwar wenn Schätze und Ehrenstellen oder etwas anderes
dieser Art einen Zustand herbeiführen könnten, dem auch nicht ein
einziges Gut mehr mangeln würde, dann gebe auch ich zu, daß
manche Menschen sehr wohl durch Erlangung jener Dinge glücklich
werden können.

Wenn aber jene Dinge das nicht zu halten vermögen, was sie versprechen und manchen Wunsch unerfüllt lassen müssen, dann ist jene angebliche Glückseligkeit doch offenbar als falscher Schein entlarvt!

Zunächst nun will ich dir einmal die Frage vorlegen, dir, der du noch vor kurzem in Überfluß und Reichtum lebtest: Hat inmitten jener überreichen Schätze dein Herz niemals Kummer empfunden wegen irgend eines dir zugefügten Unrechts?«

»Soweit ich mich erinnere,« entgegnete ich, »war mein Geist allerdings niemals so vollkommen frei, daß ihm auch nur für einen Augenblick alles seid gänzlich fern gelegen hätte!«

»Und nicht wahr,« fragte sie weiter, »Kummer hast du immer empfunden, wenn dir entweder etwas fehlte, was du gern gehabt hättest, oder etwas da war, was du nicht haben wolltest?« – »So ist es!« entgegnete ich. – »Du wünschtest also bald die Gegenwart, bald die Abwesenheit irgend eines Dinges oder Zustandes?« – »Das gebe ich zu!« – »Ein jeder empfindet also das Fehlen eines erwünschten Gegenstandes als einen Mangel?« – »Allerdings!« – »Hat denn aber derjenige, der an irgend etwas Mangel leidet, ein vollkommenes Selbstgenügen?« – »Gewiß nicht!« – »Du empfandest also dies Nichtgenügen inmitten all deiner Reichtümer?« – »Ja, das gestehe ich offen!« – »Die Reichtümer,« fuhr sie fort, »sind also durchaus nicht imstande, jeden Mangel fern zu halten und ihren Besitzer zufrieden zu machen, und das ist es gerade, was sie uns zu versprechen scheinen. Außerdem ist nun aber noch wohl zu beachten, daß in der Natur des Geldes durchaus kein Hindernis dafür liegt, daß es seinem Besitzer nicht auch wieder entwendet werde!« – »Das gebe ich zu!« warf ich ein. – »Was ist dazuzugeben?« fuhr sie fort. »Ist es nicht offenkundig, daß es der Mächtige dem Schwächeren täglich gegen dessen Willen entreißt? Haben denn die ewigen Klagen vor den Gerichten etwa einen andern Grund, als daß Geld zurückverlangt wird, das seinem Eigentümer durch Gewalt oder Betrug wider seinen Willen genommen wurde?!« – »Nein,« sagte ich, »es ist leider so, wie du sagst!« – »Es bedarf also jeder des Schutzes und muß äußere Hilfe herbeirufen, um sich sein Geld bewahren zu lassen?« – »Das ist nicht zu leugnen!« – »Er würde aber dieses Schutzes nicht bedürfen, wenn er kein Geld hätte, das er verlieren könnte?« – »Allerdings nicht!« –

»Die Sache ist also jetzt vollkommen ins Gegenteil verkehrt! Die Reichtümer, die, wie man glaubte, das Selbstgenügen bewirken sollten, machen ihre Besitzer nur fremden Schutzes bedürftig! Kann also die Bedürftigkeit irgendwie durch Reichtümer gehoben werden? Können die Reichen nicht hungern? Können sie nicht dursten? Sind die Glieder der Wohlhabenden unempfindlich für die winterliche Kälte?! Du wirst nun wohl einwenden, daß die Reichen doch wenigstens die Mittel haben, um den Hunger zu stillen, den Durst zu löschen und die Kälte zu vertreiben. Ja, so kann man sich allerdings mit den Reichtümern wegen jener Mängel trösten, aber ganz aus der Welt schaffen kann man sie nicht damit! Denn wenn auch die Bedürftigkeit, die stets etwas begehrt und stets etwas erfordert, befriedigt werden kann, so muß sie, um eben befriedigt werden zu können, vorher doch thatsächlich vorhanden gewesen sein!

Daß die Natur mit sehr wenigem, die Habsucht aber mit nichts zufrieden ist, davon will ich jetzt nicht reden.

Wenn also die Reichtümer die Bedürftigkeit nicht zu beseitigen vermögen, dieselbe vielmehr ihrerseits erzeugen, wie kann man dann annehmen, daß dieselben volles Genügen zu bringen imstande sind?!«

> Wenn auch in goldnem Strom die Schätze fort und fort,
> Ihm doch nimmer genug, fließen dem Geizigen zu;
> Schmückt auch des Roten Meeres Perlen seinen Hals,
> Pflügen auch hundert und mehr Stiere sein fruchtbares Land:
> Der Sorge Zahn verschonet nicht des Lebenden,
> Nimmer das eitle Gut folgt in das Grab ihm hinab!

»Nun ist es zwar wahr, daß die Ehrenstellen demjenigen, dem sie zu teil werden, Achtung und Ansehen verschaffen, aber sind denn die staatlichen Würden auch imstande, den Herzen ihrer Inhaber die Tugend einzupflanzen und die Laster daraus zu vertreiben? Im Gegenteil, sie pflegen die Schlechtigkeit nicht zu beseitigen, sondern sie nur in noch hellerem Lichte erscheinen zu lassen! Daher wird ja so oft unser Unwille dadurch erregt, daß jene Würden verworfenen Menschen verliehen werden, und Catull nannte den Nonius einen Tropf, trotzdem er ein kurulisches Amt bekleidete! Du siehst also, welche Schande die Ehrenstellen schlechten Subjekten bringen können, da deren Verworfenheit viel weniger hervortreten würde, wenn sie nicht in dem Glanz des hohen Amtes sich allen sichtbar darstellte!

Auch du selbst, haben dich so viele drohende Gefahren dazu bewegen können, das Amt des *magister officiorum* zusammen mit dem Dekoratus zu verwalten, den du als den nichtswürdigsten Schmeichler und Angeber erkannt hattest?

Wegen der Würden, die sie bekleiden, können wir also diejenigen nicht für ehrbar und achtungswert halten, von denen wir wissen, daß sie jener Ehren durchaus unwürdig sind. Könntest du aber auf der andern Seite von einem mit Weisheit begabten Manne glauben, daß er der Achtung oder gar seiner eigenen Weisheit unwürdig sei?« – »Gewiß nicht!« – »Nein, denn die Tugend hat ihre eigene, ihr von Natur innewohnende Würde, die sie alsbald auch auf diejenigen ausgießt, in deren Herz sie eingezogen ist! Das vermögen die öffentlichen Ehrenämter nicht, es fehlt ihnen also die Zierde eigener, natürlicher Würde!

Das eine ist also wohl zu bemerken: Wenn der Grad der Verächtlichkeit eines Menschen bedingt ist durch die Zahl derjenigen, die ihn verachten, so machen die staatlichen Ehrenstellen, die niemand ehrwürdig machen können, die Bösewichter gerade um so verächtlicher, je mehr Menschen sie ihn und seine Schlechtigkeit vor Augen führen!

Aber nicht ungestraft thun sie dies! Gleiches mit Gleichem vergelten ihnen die Verworfenen, indem sie sie selbst durch ihre Berührung beflecken!

Damit du aber noch deutlicher siehst, wie die wahre Würde nicht durch jene schattenhaften staatlichen Ehren verliehen werden kann, magst du folgendes erwägen: Gesetzt den Fall, es wird jemand, der mehrmals das Konsulat bekleidet hat, durch den Zufall zu barbarischen Völkern verschlagen: wird ihn dann jene Ehre auch in den Augen der Barbaren achtungswert erscheinen lassen? Wäre dies die natürliche Aufgabe und Wirkung der staatlichen Würden, so müßten sie diese ihre Funktion auch bei allen Völkern erfüllen, so wie das Feuer überall seine wärmende Kraft bethätigt! Da dies aber nicht ihre eigene, wesentliche Fähigkeit, sondern nur von den Menschen irrtümlich ihnen angedichtet ist, so schwinden sie dahin, sobald sie zu Leuten kommen, die sie nicht mehr als wirkliche Ehren anerkennen! So geht es mit ihnen bei den auswärtigen Völkern. Wie ist es aber in ihrer eigenen Heimat, haben sie dort wenigstens unbeschränkte Dauer und Geltung?

Da haben wir z.B. die Präfektur. Einst war sie ein hochbedeutendes Staatsamt und ist sie jetzt nicht nur noch ein leerer Name und eine Last für die Männer senatorischen Standes? Einst wurde der für groß gehalten, der das Volk mit Getreide versorgte, und heute? Giebt es heute etwas Verachteteres als die Getreidepräfektur?

Auch hier bestätigt sich also der Satz, daß dasjenige, dem keine eigene Würde innewohnt, seinen Glanz nur durch die jeweilige Wertschätzung der Menschen erhält und auch verliert!

Wenn also jene Ehrenämter ihre Träger nicht wirklich ehrenwert zu machen vermögen, wenn sie vielmehr durch die Verleihung an Unwürdige geschändet werden, wenn sie im Wechsel der Zeiten ihren Glanz verlieren, wenn sie bei anderen Völkern gar nichts gelten: was in aller Welt ist dann an ihnen so verlockend und begehrenswert, daß sie mit Recht allen anderen Dingen vorgezogen werden könnten?!

> Ob auch immer den Leib der stolze Nero
> Schmückte mit Purpur und edlen Steinen,
> War er dennoch verhaßt den Menschen allen
> Ob seiner Laster und wilden Begierden.
> Oftmals aber verlieh der böse Kaiser
> Würdigen Vätern entehrende Würden!
> Wer denn könnte die Ehrenämter preisen,
> Die uns ein ehrloser Kaiser verliehen?!

Ist nun aber nicht eine Krone oder doch nahe Vertrautheit mit regierenden Häuptern imstande, dem Menschen Macht zu verleihen? Warum nicht, wenn nur das durch sie verliehene Glück ewigen Bestand hat! Reich ist aber die alte Zeit, reich nicht minder auch die neue an Beispielen von Königen, deren Glück sich hernach in Unglück verwandelt hat! O du gewaltige Macht, die du nicht einmal dich selbst zu erhalten imstande bist!

Wenn aber wirklich die Herrschergewalt die Quelle der Glückseligkeit ist, dann muß doch jeder Verlust, jede Beschränkung derselben das Glück mindern und Unglück herbeiführen. So weit ausgedehnte Herrschaftsgebiete es nun aber auch giebt, so müssen doch immer noch zahlreichere Völker übrig bleiben, die nicht mehr der Gewalt eines jeden Königs unterstehen. Es müßte also überall, wo die glückbringende Macht aufhört, Ohnmacht eintreten und dem Herrscher die Glückseligkeit rauben, und es müßte demnach das Gefühl des Unglücks bei sämtlichen Königen vorwiegen!

Ein Tyrann, der das Gefährliche seiner Stellung erfahren hatte, verglich die Sorgen und Ängste, die den Herrscher stets begleiten, mit einem Schwert, das über seinem Haupte schwebt! Was aber ist das für eine Macht, die die nagenden Sorgen nicht zu vertreiben und dem Stachel der ewigen Furcht nicht zu entgehen vermag?!

Wohl wünschten die Fürsten, in Sicherheit leben zu können, aber es ist ihnen nicht vergönnt, und trotzdem prahlen sie mit ihrer Macht! Oder kannst du etwa den für mächtig halten, der, wie du siehst, nicht kann, was er will? Kannst du den für mächtig halten, der sich mit Trabanten umgiebt, der selbst vor denen zittert, denen er Schrecken einjagt, der, um den Schein der Macht zu bewahren, sich selbst den Händen dienender Sklaven anzuvertrauen genötigt ist?!

Was soll ich nun, nachdem ich die Schwäche und Machtlosigkeit der Krone selbst schon dargethan habe, noch von denen sagen, die in naher Verbindung mit den Herrschern stehen und Einfluß bei ihnen besitzen? Oft werden diese Leute noch durch den Fürsten selbst, solange seine Macht noch nicht erschüttert ist, vernichtet, oft hat der Sturz des Herrschers auch ihr Verderben mit im Gefolge! Nero zwang den Seneka, seinen Freund und Lehrer, sich selbst die Todesart zu wählen, und den Papinian, der so lange am Hofe des Carakalla mächtig war, gab dieser schließlich selbst den Schwertern der Gardisten preis! Und dabei hatten beide die Absicht gehabt, ihrer Machtstellung zu entsagen, und Seneka wollte sogar alle seine Schätze dem Nero übergeben und sich in ein bescheidenes, beschauliches Leben zurückziehen. Aber wie der Stürzende durch sein eigenes Gewicht in den Abgrund gerissen wird, so war es auch ihnen nicht mehr möglich, diese ihre Pläne zu verwirklichen.

Was ist also das für eine Macht, die ihren eigenen Träger mit Furcht erfüllt, in deren Besitz du nicht sicher sein darfst und die du nicht wieder von dir werfen kannst, wenn du es möchtest!?

Und sind denn solche Freunde ein Schutz für dich, die nicht deine Tugend, sondern dein Glück dir zugeführt hat? Nein! Denn derjenige, den das Glück dir zum Freunde machte, der wird im Unglück dein Feind! Welche Pest aber kann verderbenbringender sein, als ein Feind, der dein volles Vertrauen besitzt?

Wer stark will sein und gewaltig,
der zähme die wilden Begierden,
und beuge, besiegt von der Wollust,
nicht schimpflicher Fessel den Nacken!
Denn gehorcht auch deinen Befehlen
mit Zittern Indiens Ferne,
gehorcht auch die äußerste Thule:
so nenn' ich dich doch nicht gewaltig,
wenn du nicht vermagst zu verscheuchen
die Klagen und bitteren Sorgen!

Der Ruhm aber, wie trügerisch ist er oft und wie wenig ruhmvoll!
Nicht unrecht hat Euripides, wenn er in seiner ›
Andromache‹ (V. 319-320) sagt:

O Ruhm, o Ruhm, wie viele tausend Sterbliche,
Die nichts gewesen, hobest du zur Macht empor!
(Donner.)

Denn viele Menschen haben schon, lediglich durch die falsche
Meinung der Menge, einen großen Namen gewonnen, und das ist doch
gewiß das Demütigendste, was sich überhaupt denken läßt! Wer ohne
Grund gepriesen wird, muß ja vor den ihm selbst gespendeten
Lobsprüchen erröten! Sind die letzteren aber wirklich rechtmäßig
verdient, so können sie doch in keiner Weise die eigene
Wertschätzung des Weisen erhöhen, der das von ihm geleistete Gute
nicht nach dem Urteil des Volkes, sondern nach dem untrüglichen
Maßstab des eigenen Gewissens schätzt!
Wenn aber die Bekanntmachung des Namens schon an und für sich
etwas Schönes ist, so muß es folgeweise schmachvoll sein, wenn
derselbe völlig verborgen und unbekannt bleibt. Da es nun aber, wie
ich vorhin schon bemerkte, notwendigerweise viele Völker geben
muß, zu denen der Ruf eines einzelnen Menschen niemals zu dringen
vermag, so kann es eben vorkommen, daß der, den du für ruhmvoll
hältst, auf dem nächsten Teile der Erde jeglichen Ruhmes gänzlich
entbehrt!
Hierbei habe ich die bloße Volksgunst gar nicht einmal der
Erwähnung für würdig gehalten, weil sie auf keiner Urteilskraft beruht
und immer unbeständig ist.

Wer sieht ferner nicht ein, wie leer und eitel der Begriff der Vornehmheit ist! Als Folge des Ruhmes ist sie eigentlich ein fremdes Gut, nämlich ein den Vorfahren wegen ihrer Verdienste gespendetes Lob. Wenn ein solches Lob aber dem Namen hohen Glanz verleiht, so kann dieser Glanz doch eigentlich nur auf diejenigen fallen, die den Ruhm thatsächlich gewonnen haben. Hast du dich also nicht selbst ausgezeichnet, so kann auch der Ruhm eines andern dir keinen Glanz verleihen!

Wenn aber der Adel trotzdem etwas Gutes in sich birgt, so liegt dies meiner Meinung nach darin, daß den Adeligen die Verpflichtung auferlegt zu sein scheint, es ihren großen Ahnen an Tugend gleichzuthun!

Siehe, das ganze Menschengeschlecht stammt aus der gleichen Quelle: Einer allein ist Vater des Alls, einer regiert die Welten, Gab der Sonne den hellen Strahl, gab dem Monde die Sichel, Schloß in der Körper niedres Haus ewige himmlische Seelen! Also die Sterblichen allzumal sproßten aus edlem Stamme. Pocht drum nimmer auf Ahnen und Stand: wenn ihr gedenkt der Herkunft, Wenn ihr des göttlichen Ahnherrn denkt: dann fehlt keinem der Adel, Als wer, Schändlichem zugewandt, schändet den eignen Ursprung!

Was soll ich nun aber von den fleischlichen Lüsten sagen, um deren willen man oft viel Not und Mühe auf sich nimmt und die doch nach ihrer Befriedigung im Herzen nichts als Reue und Ekel zurücklassen? Wie schreckliche Krankheiten, wie unerträgliche Schmerzen pflegen sie, gleichsam zur Vergeltung für ihre Verworfenheit, dem Körper der Lüstlinge zu verursachen! Welche Annehmlichkeiten ihr Kitzel verursachen könnte, ist mir unerfindlich, aber wie traurig bei ihnen das Ende ist, das weiß ein jeder, der sich einmal an seine eigenen Ausschweifungen erinnern mag! Sind diese wirklich imstande, irgend jemand glücklich zu machen, dann ist gar kein Grund vorhanden, warum man nicht auch dem Vieh die Glückseligkeit zusprechen sollte, bei dem doch alle Wünsche auf die Befriedigung sinnlicher Begierden gerichtet sind!

Eine sehr reine und ehrbare Freude gewährt nun zwar der Besitz von Weib und Kindern, aber nur allzuwahr ist die traurige Thatsache, daß irgend jemand, ich weiß nicht mehr wer, von seinen eigenen Kindern gepeinigt worden ist, und wie sehr die Kinder ein Gegenstand der Angst sein können, daran brauche ich dich nicht zu mahnen, da du es aus Erfahrung weißt und überdies gerade jetzt wieder in so großer Sorge um deine Söhne lebst! – Ich stimme hierin völlig dem Wort des Euripides bei, der denjenigen, der keine Kinder besitzt, gerade wegen dieses Unglücks glücklich preist!

> Eine jede süße Wollust
> Zum Genusse will verlocken!
> Aber gleich den Bienen sieht sie,
> Wenn den Honig sie gespendet,
> Und im Herzen fühlt den Stachel,
> Wer die Lust zu heiß begehrte!

Es ist also ganz zweifellos, daß die genannten Wege zur Glückseligkeit in Wirklichkeit Irrwege sind, die niemand dahin führen können, wohin sie ihn zu führen verheißen. Mit wieviel Schändlichkeiten aber das Wandeln auf diesen Wegen verbunden ist, will ich dir jetzt in Kürze begreiflich machen. Wie ist es denn? Wenn du Schätze ansammeln willst, mußt du sie denen entreißen, die sie besitzen. Wenn du in staatlichen Ehrenämtern glänzen willst, mußt du dich dem, der sie zu vergeben hat, bittend nahen und du, der du über andere durch deine Würde hervorragen willst, mußt dich durch die Demütigung des Bittens erniedrigen! Wenn du Macht gewinnen willst, wirst du den Nachstellungen deiner Unterthanen ausgesetzt und ewig von Gefahr bedroht sein. Strebst du nach Ruhm, so werden dich Widerwärtigkeiten von allen Seiten treffen und Sicherheit und Ruhe wirst du nie mehr empfinden. Willst du ein Leben der Lust führen, so wird dich jeder als den Sklaven des häßlichsten und gebrechlichsten aller Dinge, des Körpers, verachten und verabscheuen. Wie klein und vergänglich ist endlich der Besitz desjenigen, der sich mit körperlichen Vorzügen brüstet! Kann er etwa den Elefanten an Größe, an Kraft den Stier und an Schnelligkeit den Tiger übertreffen? Blickt doch nur auf die Ausdehnung, die Festigkeit und die schnelle Bewegung des Himmels, dann werdet ihr so geringe Dinge nicht mehr bewundern! Und dabei sind die genannten Eigenschaften noch nicht einmal das Bewundernswerteste am Himmel, sondern dies ist vielmehr das weise Gesetz, das ihn regiert! – Wie flüchtig aber und wie kurzlebig ist die Schönheit des Leibes, vergänglicher als die schnell welkende Blume des Frühlings!

Hätten aber die Menschen, wie Aristoteles sagt, die Augen des Lynkeus, dessen Blick die Dinge, aus die er fiel, durchdrang, würde dann nicht, wenn man bis in die Eingeweide hineinschaute, selbst ein Körper von der strahlenden Schönheit des Alkibiades häßlich und abstoßend erscheinen?! Also nicht in seiner eigenen Natur liegt die Schönheit eines Körpers, sondern in der Unvollkommenheit der Augen, die ihn anschauen!

Ihr mögt aber des Körpers Vorzüge so hoch schätzen wie ihr wollt, wenn ihr euch dabei nur dessen bewußt bleibt, daß ein dreitägiges hitziges Fieber den so sehr bewunderten zerstören kann!

Der letzte Schluß also, den wir aus allem Gesagten ziehen können, ist der, daß die Dinge, die das verheißene Glück nicht gewähren können, die auch alle zusammengenommen noch kein vollkommenes Gut ausmachen, daß diese keinesfalls die Wege zur Glückseligkeit sein können, geschweige denn selber die Menschen glücklich zu machen vermögen!

Welche Verblendung, ach, leitet vom rechten Pfad
die Menschen ab auf irre Bahn?
Sucht ihr das Gold doch nicht hoch in des Baumes Grün,
noch aus dem Weinstock edlen Stein,
Senkt ihr doch nie das Netz tief in des Berges Schlucht,
damit zum Mahl den Fisch ihr fangt,
Schweift ihr doch nicht umher auf dem Tyrrhener Meer,
wenn ihr den Rehbock jagen wollt!
Kennt doch des Menschen Geist selbst den geheimsten Grund
des Meers, von hoher Flut bedeckt,
Weiß, wo in tiefer See glänzende Perlen ruhn,
und wo die Purpurmuschel lebt,
Kennt auch den Strand, der reich köstlichen Fisch beschert,
und den, der Igeln nur gebiert!
Aber wo weilt das Glück, das sie begehren heiß,
das wissen, ach, die Menschen nicht!
Über dem Sternenzelt wohnt es in lichten Höhn;
sie suchen's tief im Erdenschoß!
Was soll ich wünschen drum diesen Bethörten nun?
Sie mögen suchen Ruhm und Gold;
Haben sie aber erreicht endlich das falsche Glück:
so mögen sie das wahre schaun!

Bis hierher habe ich dir das Wesen des falschen Glücks klar zu machen gesucht. Daß wird genug sein, und wenn du alles vollkommen verstanden hast, so kann ich jetzt dazu übergehen, dir das wahre Glück zu offenbaren!« – »Ich habe aus deinen Ausführungen gelernt,« entgegnete ich, »daß der Reichtum keine Befriedigung, Kronen keine Macht, Ehrenämter keine wahre Ehrwürdigkeit und die Lust kein wirkliches Vergnügen gewähren kann!« – »Hast du denn aber auch die Gründe, warum dies so ist, erkannt?« – »Wie durch eine kleine Spalte glaube ich sie allerdings schon zu schauen, aber mit deiner Hilfe hoffe ich bald zu völliger Klarheit zu gelangen!« – »Der Grund liegt doch klar zu Tage,« fuhr sie nun fort. »Was nämlich von Natur einfach und einheitlich ist, das pflegt der Menschengeist immer zu trennen und das Wahre und Vollkommene ins Falsche und Unvollkommene zu verkehren! Antworte mir nun einmal auf folgende Fragen: Glaubst du, daß das, was von jedem Mangel völlig frei ist, trotzdem der Macht entbehren kann?« – »Nein, das glaube ich nicht!« – »Und mit Recht, denn wenn ein Ding in irgend einer Beziehung mangelhaft ist, so bedarf es notwendigerweise in diesem Punkte des fremden Schutzes!« – »So ist es,« sagte ich. – »Das volle Selbstgenügen und die Macht sind also von gleicher Natur?« – »So scheint es allerdings!« – »Hältst du nun das Mächtige und sich selbst Genügende für verächtlich, oder im Gegenteil für würdig von allen verehrt zu werden?« – »Ohne Zweifel das letztere!« – »Dann können wir also dem Selbstgenügen und der Macht noch die Achtung hinzufügen und diesen drei Dingen denselben Charakter zuerkennen?« – »Das müssen wir wohl, wenn wir der Wahrheit die Ehre geben wollen!« – »Hältst du nun diese Dreiheit für etwas der Beachtung Unwürdiges und Niedriges, oder aber für etwas im höchsten Grade Rühmliches? Bevor du diese Frage beantwortest, bedenke aber wohl, ob das von uns als frei von jedem Mangel, als das Mächtigste und Ehrwürdigste Anerkannte nicht in gewisser Weise doch wieder als unvollkommen erscheinen müßte, wenn wir ihm den Ruhm und auch die Fähigkeit, Ruhm zu gewinnen, absprechen würden!« – »Ich muß allerdings anerkennen,« erwiderte ich hierauf, »daß mit den drei genannten Eigenschaften notwendig auch der höchste Ruhm verbunden sein wird!« – »Dann mußt du aber folgerichtig auch den Ruhm den vorhin genannten Dingen vollständig gleichstellen!« – »Allerdings!« sagte ich. –

»Was aber keines außer ihm liegenden Dinges bedarf, was durch seine eigene Kraft alles vermag, was achtunggebietend und ruhmvoll dasteht: muß das nicht offenbar der höchsten Freude teilhaftig sein?« – »Ich kann mir allerdings in keiner Weise vorstellen,« sagte ich, »wie ein so begabtes Wesen irgend welchen Kummer empfinden könnte, und ich muß daher zugeben, daß jene Attribute, solange sie nur ihr eigenes Wesen bewahren, immer auch die höchste Freude gewähren müssen!« – »Aus demselben Grunde,« fuhr sie fort, »muß dann aber auch zugegeben werden, daß die Zufriedenheit, die Macht, die Achtung, der Ruhm und das Vergnügen zwar dem Namen nach verschieden sind, daß aber ihrem Wesen nach kein Unterschied zwischen ihnen besteht!« – »Gewiß, das ist zuzugeben!« – »Das also, was von Natur einfach und einheitlich ist, wird auseinandergetrennt von der menschlichen Verblendung, die den Teil einer unteilbaren Sache erstrebt und daher weder diesen gar nicht getrennt für sich existierenden Teil erreicht, noch auch das Ganze, nach dem sie gar nicht verlangt hat!« – »Wie meinst du das?« fragte ich. – »Ich will sagen,« antwortete sie, »wer nach Reichtümern strebt, der strebt nicht zugleich auch nach Macht. Lieber will er klein und gering geachtet sein und versagt sich auch viele natürliche Lebensgenüsse, um nichts von dem Gelde, das er sammelt, zu verlieren. Auch die Zufriedenheit kann er auf diese Weise nicht erlangen, die Macht fehlt ihm, Beschwerden peinigen ihn, verächtlich ist er durch seine Niedrigkeit und ein unbekanntes Leben führt er im Verborgenen!

Wer anderseits nur nach Macht verlangt, der verschwendet seine Güter, verachtet Vergnügen und Ehre und selbst der Ruhm gilt ihm nichts, wenn er nicht mit Macht verknüpft ist! Und doch, wie vieles fehlt auch ihm zum vollen Glück! Oft leidet er Mangel am Notwendigsten, wird gequält von nagenden Sorgen und sobald er diese nicht mehr zu vertreiben vermag, ist auch seine Macht zu Ende, sie, nach der er so heiß verlangte!

Ähnliche Betrachtungen lassen sich nun auch über die Ehre, den Ruhm und das Vergnügen anstellen. Denn da jedes dieser Dinge mit den übrigen eins ist, so erlangt derjenige, der eins von ihnen ohne die andern erstrebt, auch nicht einmal das, nach dem er verlangte!

Wenn nun aber jemand alle diese Dinge zugleich zu erlangen suchte, so würde er zwar scheinbar nach der Summe aller Glückseligkeit streben.

Aber glaubst du, daß er diese in jenen Dingen finden wird, von denen wir gezeigt haben, daß keins von ihnen das, was es verstricht, auch zu leisten vermag?« – »Gewiß nicht!« – »In demjenigen also, was wir in den einzelnen dieser vielbegehrten Dinge zu erreichen glauben, ist die wahre Glückseligkeit in keiner Weise zu finden!« – »Ja,« sagte ich, »ich muß zugeben, das ist vollkommene Wahrheit!« – »Da hast du also,« fuhr sie fort, »das Wesen des falschen Glückes und die Gründe, warum es falsch ist. Wende nun deinen Blick nach der andern Seite, und alsbald wirst du dort das wahre Glück schauen, das ich dir zu zeigen versprochen habe!«

Ich entgegnete: »Was das wahre Glück ist, das kann ja nun auch ein Blinder erkennen und du selbst hast es eben schon angedeutet, als du mir die Gründe für die Falschheit des trügenden Glückes vor Augen führtest. Wenn ich also nicht irre, so ist die vollkommene Glückseligkeit derjenige Zustand, der uns zugleich zufrieden, mächtig, geachtet, berühmt und vergnügt macht. Und damit du siehst, daß ich die Sache nun völlig durchschaue, so füge ich noch hinzu, daß ohne Zweifel dasjenige, das dem Menschen auch nur eine der genannten Eigenschaften, die im Grunde alle eins und dasselbe sind, zu verleihen vermag, daß dies schon vollkommene Glückseligkeit bedeutete!« »O mein geliebter Schüler!« rief sie nun aus, »glücklich wärst du in dieser Überzeugung, wenn du noch das Folgende hinzufügen würdest!« – »Nun?« – »Glaubst du denn, daß es unter diesen irdischen und hinfälligen Dingen irgend eins giebt, das einen Zustand, wie den vorhin bezeichneten, herbeiführen könnte?!« – »Nein,« sagte ich, »das glaube ich nicht, und ebenso hast auch du dich vorhin, wie ich glaube, mit aller wünschenswerten Deutlichkeit geäußert!« – »Alle diese Dinge,« fuhr sie fort, »können also nur den Schein des Glückes erwecken und den Menschen in Wahrheit nur unvollkommene Güter verleihen. Nicht aber sind sie imstande, das wahre und vollkommene Gut zu gewähren!« – »So ist es,« sagte ich, »das glaube auch ich!« – »Da du also begriffen hast, was das wahre Glück ist und welche Dinge uns nur ein falsches vorspiegeln, so erübrigt nun noch, daß du erkennst, woher du jene wahre Glückseligkeit gewinnen kannst!« – »Ja!« rief ich aus, »das zu erfahren, ist ja schon lange mein brennendster Wunsch!« –

»Da es sich aber, wie unser Platon im ›Timäus‹ sagt, auch bei den kleinsten Dingen geziemt, den Beistand der Gottheit anzurufen: was, glaubst du, ist nun unsere Pflicht, wenn wir würdig sein wollen, den Sitz jenes höchsten Gutes aufzufinden?!« – »Den Vater aller Dinge müssen wir anflehen,« sagte ich, »ohne den kein Thun der Menschen wohl begonnen wird!« – »So ist es!« sprach sie. Und dann begann sie den folgenden Gesang:

Der du die Welt regierst nach ewigen, weisen Gesetzen,
Der du die Erde, den Himmel erschufst, und aus ewigem Urquell
Führtest die Zeiten, des Alls unwandelbarer Beweger!
Bildner des flüchtigen Stoffs, befreit von äußerem Antrieb,
Aus deinem eigensten Ich, der makellosen, erhabnen
Güte, befolgend allein das leuchtende, himmlische Vorbild,
Schufst du das All! – Der Schönste du selbst, die schönste der Welten
Hast du, sie schauend im Geist, in den herrlichsten Formen gestaltet,
Hast zu vollendetem Ganzen verknüpft die vollendeten Teile,
Einst die Stoffe mit festem Band, daß Kälte zu Wärme,
Trocknes zu Feuchtem sich fügt, daß nicht das reinere Feuer
Schwebe davon, und lastende Wucht versenke den Erdball!
Siehe, die Seele der Welt, sie thront in der innersten Mitte
Dreifach geteilter Natur, das Einzelne rhythmisch bewegend,
Teilt ihre Kraft und beherrscht die zweifach kreisenden Welten.
Immer sich selber getreu, durchströmt vom göttlichen Geiste,
Führt sie, wie du es gedacht, im Kreise das Himmelsgewölbe.
Leitend aus gleichem Quell die hohen, die niederen Geister,
Läßt du die höchsten frei in des Älthers Räume sich schwingen,
Läßt an dem Himmel, auf Erden die anderen wohnen, und gnädig
Führst zu deinem Feuer zurück, die zu dir sich bekannten!
Vater, auch unseren Geist in des Lichts Regionen erhebe!
Zeige des Guten Quell, gieb gnädig völlige Klarheit!
Zeige dein eigenes Ich dem trunkenen Blicke des Geistes!
Nimm uns hinweg den Wahn und die Bande des irdischen Daseins!
Strahle mit himmlischem Glanz! Denn du, der Tröster der Frommen,
Du giebst Frieden und Ruh'! So gieb dich auch uns zu erkennen,
End' und Beginn, und Führer und Pfand, und Ziel alles Wissens!

»Da du nun den Begriff sowohl des falschen wie des wahren Glückes erkannt hast, so wird nun zu zeigen sein, wo denn das allervollkommenste, wahre Glück thatsächlich zu finden ist.

Dabei aber ist nach meiner Meinung zunächst zu untersuchen, ob ein solches Gut, wie du es vorhin näher bestimmt hast, in der Wirklichkeit überhaupt bestehen kann, damit wir uns nicht von einem leeren Trugbild der Einbildungskraft täuschen lassen, dem keine thatsächliche Wirklichkeit zu Grunde liegt.

Es wird sich nun aber nicht leugnen lassen, daß ein solches Gut wirklich existiert und daß es gleichsam die Quelle aller übrigen geringeren Güter ist. Alles nämlich, was wir als etwas Unvollkommenes bezeichnen, stellt sich als solches nur durch Verminderung des Vollkommenen dar und daraus folgt, wenn es in irgend einer Klasse von Dingen etwas Unvollkommenes giebt, daß es dann notwendigerweise in derselben Art auch etwas Vollkommenes geben muß. Gäbe es jene Vollkommenheit nicht, so wäre es völlig undenkbar, wie sich dann etwas als unvollkommen darstellen könnte, denn die Natur beginnt nicht mit abgeminderten und nicht vollendeten Dingen, sondern von vollständigen und vollkommenen geht sie aus und sinkt dann erst zu diesen letzten abgeschwächten Formen herab. Wenn es also, wie vorhin gezeigt, ein unvollkommenes Glück giebt, das uns vergängliche Güter gewährt, so muß notwendigerweise auch ein ganzes und vollkommenes vorhanden sein!« – »Ja,« sagte ich, »das ist gewiß durchaus richtig gefolgert!« – »Nun laß uns aber sehen,« fuhr sie fort, »wo denn das höchste Gut zu finden sei. – Die gemeinsame Auffassung aller Menschengeister geht dahin, daß Gott, der Urheber aller Dinge, gut sei. Es kann eben nichts Besseres gedacht werden als Gott, und dasjenige, das besser als alles übrige ist, wird doch ohne Zweifel als gut zu bezeichnen sein. So die gewöhnliche Auffassung. Die Vernunft anderseits beweist die Güte Gottes, indem sie zeigt, daß in ihm auch das vollkommene Gut beschlossen sein muß. Wäre es nicht so, so könnte Gott nicht der Urheber aller Dinge sein. Dasjenige nämlich, das im Besitz des höchsten Gutes ist, ragt dadurch über alles andere hervor, weil es früher dagewesen und älter ist, wie es ja überhaupt klar ist, daß alles Vollkommene dem weniger Vollkommenen vorausgehen muß. Damit nun die Schlußfolgerungen sich nicht ins Unendliche verlieren, so ist anzunehmen, daß der höchste Gott auch der Sitz des höchsten und vollkommensten Gutes sei. Da nun aber, wie wir gezeigt haben, das vollkommene Gut auch die wahre Glückseligkeit gewährt, so muß folgeweise auch die wahre Glückseligkeit beim höchsten Gott zu finden sein!«

»Dem stimme ich vollkommen zu!« sagte ich. »Es läßt sich in der That nichts dagegen einwenden!«

»Wenn du aber,« fuhr sie fort, »scharf und unwiderleglich beweisen willst, daß Gott im vollsten Besitze des höchsten Gutes sei, so mußt du die dabei in Betracht kommenden Begriffe auch vollkommen genau und richtig erfassen und anwenden!« – »Wie meinst du das?« fragte ich. – »Du darfst nicht annehmen, daß Gott, der Vater aller Dinge, das höchste Gut, das ihm zugeschrieben wird, von außen her empfangen habe, oder daß es ihm von Natur in der Weise eigen sei, daß er selbst, der Besitzer, und die Glückseligkeit, das Besitztum, als etwas ihrem Wesen nach Verschiedenes zu denken seien. Denn wenn du ein Empfangen von außen her annimmst, so könntest du zu der Ansicht kommen, daß der empfangende Teil hinter dem gebenden an Wert zurückstehe. Daß aber der erstere, also Gott, von allen Dingen das weitaus vollendetste sei, das haben wir ja immer mit vollem Rechte anerkannt. Wenn du aber glaubst, daß das höchste Gut zwar von Natur Gott innewohnt, aber begrifflich von ihm verschieden ist, und wenn wir dann doch von Gott als dem Urheber aller Dinge reden, so beantworte sich, wer kann, die Frage, wer denn so verschiedene Dinge miteinander verbunden habe!

Schließlich ist doch auch ein Ding, das von einem andern verschieden ist, nicht wesensgleich mit ihm, das heißt in unserm Fall: was vom höchsten Gut seiner Natur nach verschieden ist, das ist doch nicht das höchste Gut. Von Gott aber zu sagen, er sei nicht das höchste Gut, das wäre Sünde, da es doch ganz gewiß nichts Vortrefflicheres giebt, als eben Gott!

Überhaupt kann es kein Ding geben, das seiner Natur nach besser wäre als sein Urheber, und deshalb muß ich folgerichtig und durchaus wahrheitsgemäß schließen, daß der Urheber aller Dinge seinem Wesen nach eben auch das höchste Gut sei!« – »Ja,« sagte ich, »das ist gewiß richtig.« – »Nun steht aber doch fest, daß das höchste Gut die Glückseligkeit ist?« – »Gewiß!« – »Folglich müssen wir doch auch anerkennen, daß Gott die Glückseligkeit selbst ist!« – »Ja,« sagte ich, »unsere früher aufgestellten Voraussetzungen muß ich aufrecht erhalten, und aus ihnen ergiebt sich das jetzt Gesagte als notwendige Folge.«

»Nun laß uns sehen,« nahm sie wieder das Wort, »ob sich von diesem Standpunkt aus nicht auch mit Sicherheit beweisen läßt, daß zwei voneinander verschiedene höchste Güter nicht existieren können. Von zwei voneinander verschiedenen höchsten Gütern kann offenbar keines mit dem andern identisch sein. Folglich kann keines von beiden vollkommen sein, da jedem das andere fehlt, dessen Inhalt es nicht in seinem eigenen Umfang mit umfaßt. Was aber nicht vollkommen ist, das kann natürlich auch nicht das Höchste sein, und es ist somit auf keine Weise möglich, daß zwei voneinander verschiedene höchste Güter bestehen. Durch unsere Schlußfolgerungen haben wir aber bewiesen, daß sowohl die Glückseligkeit, als auch Gott das höchste Gut ist, und es muß also notwendigerweise die höchste Glückseligkeit identisch sein mit der höchsten Gottheit!« – »Wahrlich!« rief ich aus, »keine Schlußfolgerung kann ein thatsächlich wahrhafteres, fester begründetes und zugleich der Gottheit würdigeres Resultat ergeben!« – »Nun höre aber weiter!« sagte sie. »Wie nämlich die Mathematiker aus bewiesenen Vordersätzen noch etwas zu schließen pflegen, was sie dann als Folgesätze bezeichnen, so will auch ich dir noch ein Corollar, eine Erweiterung, zu dem bereits Gefundenen geben. Also: Da durch Erlangung des höchsten Glückes die Menschen selig werden, die Glückseligkeit aber die Gottheit selbst ist, so werden sie offenbar durch Erlangung der Gottheit glückselig. Wie man aber durch die Erlangung her Gerechtigkeit gerecht, durch Erlangung der Weisheit weise wird, so müssen in derselben Weise diejenigen, welche die Gottheit erlangen, auch selber Gott werden. Jeder Glückselige ist also Gott, und wenn es auch naturgemäß nur einen Gott geben kann, so steht doch nichts im Wege, daß nicht unendlich viele an der Gottheit teilhaben könnten!« – »Beim Himmel!« sagte ich. »Das ist ein schöner, ein köstlicher Folgesatz oder ein köstliches Corollar, wenn dir diese Bezeichnung lieber ist!« – »Allerdings!« sagte sie. »Aber schöner als alles übrige ist noch das, was ich jetzt noch hinzufügen werde, und was sich dem schon Gesagten folgerichtig anschließt!« – »Nun?« – »Die Glückseligkeit scheint vielerlei einzelne Momente in sich zu enthalten. Schließen sich nun alle diese einzelnen Dinge wie verschiedenartige Glieder zu dem einheitlichen Körper der Glückseligkeit zusammen, oder enthält eins von ihnen schon das ganze Wesen der Glückseligkeit in sich, so daß die andern alle nur von ihm wieder abhängen?« –

»Möchtest du dies nicht durch nähere Betrachtung deutlicher machen?« bat ich. – »Gewiß,« sagte sie. »Ist nicht die Glückseligkeit ein Gut?« – »Ja,« entgegnete ich, »und zwar das höchste!« – »In dieselbe Beziehung kann man die Glückseligkeit nun aber auch zu all den andern Dingen setzen. Denn Glückseligkeit ist auch die höchste Zufriedenheit und ebenso gelten auch die höchste Macht, Achtung und Berühmtheit und das höchste Ansehen als Glückseligkeit!« – »Nun? Und was weiter?« – »Alle diese Dinge, das Gut, die Zufriedenheit, die Macht und die übrigen: sind sie gleichsam Glieder der Glückseligkeit, oder führen sie alle nur auf das Gut hin, als auf das höchste Ziel?« – »Ich sehe schon,« antwortete ich, »wo du hinaus willst, aber ich möchte gern aus deinem eigenen Munde dein Urteil vernehmen!« – »So höre denn,« fuhr sie fort, »die Entscheidung dieser Sache! Wären alle jene Dinge Glieder der Glückseligkeit, so müßten sie alle voneinander verschieden sein. Das ist nämlich die Natur der Glieder, daß sie untereinander verschieden sind, zusammen aber einen einheitlichen Körper ausmachen. Nun ist aber gezeigt worden, daß jene Dinge nicht voneinander verschieden sind, und demzufolge können es auch keine Glieder sein, wenn man nicht etwa annehmen will, die Glückseligkeit sei aus einem einzigen Gliede zusammengesetzt! Das ist aber ein Widerspruch in sich selbst!« – »Gewiß,« sagte ich, »das leidet keinen Zweifel. Aber ich bin gespannt auf das Folgende!« – »Es ist doch offenbar,« führte sie weiter aus, »daß alles übrige auf das Gute hinstrebt. Streben wir doch nur deswegen nach Zufriedenheit, weil wir sie für etwas Gutes halten. Auch nach Macht verlangen wir nur, weil sie uns ein Gut zu sein scheint, und von der Achtung, dem Ruhm und dem Vergnügen ist dasselbe anzunehmen. Die Summe und der letzte Zweck alles dessen, was wir erstreben, ist also das Gute, und was weder thatsächlich noch scheinbar etwas Gutes in sich enthält, das kann nie der Gegenstand unseres Verlangens sein. Ich erwähne ausdrücklich auch das scheinbar Gute, denn auch das, was von Natur nicht gut ist, wird dennoch, wenn es nur so zu sein scheint, von uns erstrebt, als wäre es ein wahres Gut. So ist also die Summe, der Kernpunkt und der Zweck alles Begehrenswerten das Gute. Dasjenige aber, um dessen willen ein anderes erstrebt wird, ist doch sicherlich das Begehrteste, begehrter als das, worauf sich zunächst die Wünsche richten.

Wenn z.B. jemand seiner Gesundheit wegen zu reiten wünscht, so trägt er nicht so sehr nach der Bewegung des Reitens Verlangen, als vielmehr nach dessen heilsamer Wirkung. Da nun aber alle Dinge um des Guten willen begehrt werden, so sind nicht jene einzelnen Dinge, sondern das Gute selbst in Wahrheit das Ziel der menschlichen Wünsche. Da wir aber ferner schon zugegeben haben, daß der Zweck, um dessen willen alles übrige erstrebt wird, die Glückseligkeit ist, so ist damit auch vollkommen klar, daß das Gute und die Glückseligkeit ihrem Wesen nach eins und dasselbe sind!« – »Ja,« sagte ich, »das ist wirklich sonnenklar!« – »Wir haben aber vorhin auch gezeigt,« fuhr sie fort, »daß Gott und die wahre Glückseligkeit ebenfalls eins und dasselbe sind!« – »Allerdings!« – »Daraus ist nun aber endlich mit Sicherheit zu schließen, daß das Wesen Gottes in nichts anderem als in der höchsten Güte bestehen kann!«

> Kommt hierher, ihr alle, die ihr gefesselt
> tragt die Rosenketten der falschen Lüste,
> der Bezwinger der armen Menschenseelen!
> Hier nur winkt euch Ruhe von allen Ängsten,
> Hier ein Hafen in ewig holder Stille,
> Hier allein ein Asyl der schwer Beladnen!
> Was auch immer des Hermus Glanzgestade,
> Was beschert der goldene Sand des Tagus,
> Was an hellen Demanten und Smaragden
> uns der Indus sendet aus heißer Zone:
> Alles das kann nimmer den Geist erhellen,
> Senkt nur blinder ihn tief in trübes Dunkel!
> Jene Dinge, so schön und sinnbethörend,
> wachsen tief im innersten Schoß der Erde.
> Doch der Glanz, der im Himmel herrscht belebend,
> dringt nicht ein in schwankende, finstre Seelen.
> Wer zu schauen vermag den Glanz des Himmels,
> wird gering dann achten den Strahl der Sonne!

»Allem diesem,« nahm ich jetzt das Wort, »stimme ich vollkommen zu, denn alles steht in unbestreitbarem logischem Zusammenhang!« – »Wie hoch aber,« fragte darauf meine Gefährtin, »wirst du nun erst die Erkenntnis des Wesens des höchsten Gutes selber schätzen?!« – »Unendlich hoch,« antwortete ich, »wenn ich damit zugleich zur Erkenntnis der Gottheit selber gelangen kann!« –

»Darüber werde ich dir durch die unanfechtbarsten Folgerungen Klarheit schaffen,« entgegnete sie, »wenn nur unsere vorhin gewonnenen Schlüsse als sichere Ausgangspunkte bestehen bleiben!« – »Gewiß sollen sie bestehen bleiben!« sagte ich. – »Nun denn!« begann sie. »Haben wir nicht vorhin gezeigt, daß diejenigen Dinge, die von vielen erstrebt werden, darum noch keine wahren und vollkommenen Güter sind, weil sie eben unter sich alle verschieden sind und deshalb das eine das andere nicht mit umfaßt, das einzelne also ein vollständiges und absolutes Gut nicht zu gewähren imstande ist? Haben wir aber nicht andererseits gezeigt, daß diese Dinge dann das wahre Gut ausmachen wenn sie sich zu *einer* Form und Wirksamkeit vereinigen, so daß z.B. die Zufriedenheit zugleich auch Macht, Achtung, Ruhm und Vergnügen bedeutet? Daß sie aber in keiner Weise zu den begehrenswerten Dingen gerechnet werden können, wenn sie nicht wirklich alle eins und dasselbe sind?!« – »Ja,« antwortete ich, »das ist allerdings bewiesen, und es ist nicht möglich, daran zu zweifeln!« – »Diejenigen Dinge also,« fuhr sie fort, »die, voneinander verschieden und getrennt, durchaus keine Güter sind, werden zu Gütern, sobald sie sich als eins und dasselbe erweisen. Gewinnen sie also nicht die Eigenschaft der Güte eben durch Erlangung der Einheit?« – »So scheint es!« – »Erkennst du nun aber an, daß alles, was gut ist, eben dadurch gut ist, daß es am Guten teilhat? Oder bist du anderer Ansicht?« – »Nein, ich erkenne es an!« – »Dann mußt du aus denselben Gründen auch anerkennen, daß Einheit und Güte identisch sind. Denn Dinge, die von Natur dieselbe Wirkung haben, haben notwendig auch dasselbe Wesen!« – »Gewiß,« sagte ich, »das kann ich nicht leugnen!« – »Weißt du nun auch,« fragte sie weiter, »daß alles, was existiert, solange Bestand und Dauer hat, als es eins ist, und daß es untergeht und sich auflöst, sobald es aufhört, eins zu sein?« – »Wie meinst du das?« fragte ich. – »Es ist ebenso, wie bei den lebenden Wesen!« erläuterte sie. »Solange Körper und Geist vereint sind und in dieser Vereinigung verharren, solange nennt man das Ganze ein lebendes Wesen. Sobald aber die Einheit durch die Trennung beider Teile aufgelöst wird, so geht das lebende Wesen offenbar zu Grunde und hört auf zu bestehen. Ebenso gewährt auch der Körper, solange er durch die Verknüpfung seiner Glieder die eine Form bewahrt, den Anblick einer menschlichen Gestalt.

Wenn aber die einzelnen Glieder durch ihre Trennung und Scheidung diese Einheit des Körpers aufgelöst haben, so ist das, was vorhin da war, verschwunden! Und so kann man nun auch alles übrige durchgehen und wird dabei zweifellos finden, daß jedes Ding solange besteht, als es eine Einheit bildet, daß es aber aufhört zu sein, sobald es seine Einheit verliert!« – »Allerdings,« bemerkte ich. »Bei näherer Betrachtung scheint es sich wirklich so zu verhalten!«

»Giebt es nun wohl irgend etwas,« fragte sie weiter, »das, soweit es naturgemäß handelt, den Wunsch zu leben aufgibt und nach Tod und Untergang Verlangen trägt?« – »Nein!« antwortete ich. »Denn wenn ich alle die Wesen betrachte, die von Natur die Fähigkeit der freien Willensentscheidung haben, so kann ich durchaus nicht finden, daß sie jemals ohne äußeren Zwang den Drang zu leben aufgeben und freiwillig ihren Untergang beschleunigen. Im Gegenteil, jedes Lebewesen sucht stets sein Wohlbefinden zu erhalten und flieht vor Tod und Verderben. Was ich aber von den Kräutern und Bäumen und gar von den völlig leblosen Dingen annehmen soll, darüber bin ich durchaus im Zweifel!« – »Es liegt aber gar kein Grund vor,« entgegnete sie, »in betreff dieser Dinge Zweifel zu hegen. Denn wenn du deinen Blick auf die Kräuter und Bäume richtest, so siehst du zunächst, daß dieselben immer gerade an den für sie passendsten Orten wachsen, wo sie ihrer Natur nach vor dem schnellen Verdorren und Vergehen sicher sind. So wachsen einige in der Ebene, andere auf den Bergen, einige gedeihen im Sumpf, andere klammern sich an den Felsen fest; ja sogar die dürre Sandwüste ist für gewisse Pflanzen ein fruchtbarer Boden; und alle diese Gewächse verdorren, wenn jemand sie an einen andern Ort verpflanzt! Jedem einzelnen giebt die Natur, was ihm zukommt und sorgt dafür, daß es nicht untergeht, solange es überhaupt noch Lebenskraft besitzt. Ferner öffnen sie alle gleichsam ihren Mund im Innern der Erde, saugen ihre Nahrung mit den Wurzeln aus und verteilen die gewonnene Kraft durch Mark und Rinde. Die weichen Bestandteile ferner, wie das Mark, werden im Innern sicher geborgen, nach außen durch die Festigkeit des Holzes geschützt, und schließlich ist noch die Rinde, die alles Übel gleichsam auf sich nehmen muß, zur Abwehr der Unbilden der Witterung herumgelegt! – Wie groß ist ferner die Sorgfalt der Natur, die alles durch eine vielfältige Befruchtung sich fortpflanzen läßt!

Wer wird da nicht einsehen, daß dies alles Veranstaltungen sind, die nicht nur ein zeitweiliges Verharren, sondern ein durch Generationen sich fortsetzendes, gleichsam ewiges Leben gewährleisten?!

Ebenso ist es nun aber auch mit den leblosen Dingen. Wünscht sich nicht auch hier ein jedes gerade das, was seinem Wesen am meisten entspricht? Wenn die Flamme durch ihre Leichtigkeit zum Himmel emporsteigt, wenn die Erde durch ihr eigenes Gewicht niedergehalten wird: geschieht dies aus einem andern Grunde, als deswegen, weil eben diese Lagerung, diese Bewegung für die einzelnen Dinge die passendste ist? – Jedes Ding läßt ferner das, was ihm wesensverwandt ist, neben sich bestehen, während es das, was ihm feindlich ist, stört und zu vernichten strebt. – Wir sehen auch, wie die harten Dinge, wie die Steine, eng und fest in ihren Teilen zusammenhalten und der Auflösung widerstehen. Die flüssigen aber, Wasser und Luft, weichen zwar leicht den trennend in sie eindringenden Körpern, aber schnell fließen die getrennten Teile nach Wegräumung des Hindernisses wieder ineinander. Das Feuer aber entzieht sich jeder Teilung.

Ähnlich wie bei den andern Naturgebilden ist es nun auch bei uns, wenn wir nicht auf die freiwilligen Regungen unserer erkennenden Seele, sondern einmal bloß auf die natürlichen Triebe unseres Körpers sehen. Wir verdauen z.B. die aufgenommenen Speisen, ohne etwas dabei zu denken, und wir atmen auch im Schlaf, ohne es zu wissen. Denn auch bei den lebenden Wesen beruht eben der Selbsterhaltungstrieb nicht auf dem bewußten Wollen, sondern auf den Grundgesetzen der Natur überhaupt. Es sucht sogar, unter dem Druck der Verhältnisse, oft der Wille den Tod, den die Natur flieht, und andererseits wird der Zeugungstrieb, der allein die Dauer alles Sterblichen verbürgt, oft durch den Willen beschränkt – die Liebe zum Leben hat also nicht in geistigen Regungen, sondern in einem natürlichen Trieb ihren Grund, indem eben die Vorsehung den durch sie erschaffenen Dingen als sicherste Bürgschaft der Dauer den natürlichen Wunsch verlieh, so lange wie möglich bestehen zu bleiben! Alles in allem genommen, hast du also durchaus keinen Grund, daran zu zweifeln, daß alle Dinge, die es giebt, von Natur nach beständiger Dauer streben und dem Verderben und dem Tode zu entgehen bemüht sind!«

»Ich gebe zu,« entgegnete ich hierauf, »daß mir jetzt über alle Zweifel, erhaben ist, was mir bis dahin höchst ungewiß erschien!«

»Was aber zu leben und zu dauern verlangt,« nahm meine Gefährtin wieder das Wort, »das wünscht eins zu sein, da ohne die Einheit auch die Existenz nicht würde bestehen können. Nicht wahr?« - »Ohne Frage!« – »Alle Dinge streben also nach Einheit?« – »Allerdings!« – »Haben wir aber nicht vorhin gezeigt, daß die Einheit und das Gute identisch seien?« – »Gewiß!« – »Also streben alle Dinge auch nach dem Guten und du kannst demnach geradezu sagen, daß das Gute selbst das Endziel aller Wünsche ist!« – »Nichts kann in der That wahrer sein als dieser Gedanke!« entgegnete ich. »Denn entweder existiert keine Einheit, auf die alles hinstreben könnte, und des einheitlichen Zieles beraubt schweiften alle Dinge führer- und planlos umher. Oder, wenn es etwas giebt, auf das alles hindrängt, so kann dies nur das höchste aller Güter sein!« - »Groß ist meine Freude, o geliebter Schüler!« rief da meine Lehrmeisterin aus, »daß dein Geist nun den Kernpunkt aller Wahrheit erfaßt und festgestellt hat! Nun ist dir doch auch das klar, was du vor kurzem noch nicht zu wissen behauptetest?« – »Was meinst du denn?« – »Ich meine: du kennst jetzt den Endzweck aller Dinge. Es ist dies in der That dasjenige, was von allen Wesen ohne Ausnahme erstrebt wird, und da dies, wie wir gesehen haben, das Gute ist, so müssen wir sagen, daß das Gute der Endzweck aller Dinge sei!«.

Wer tiefen Sinnes stets nach reiner Wahrheit frug,
Wer nicht erfahren will des Irrgangs falschen Trug,
Der senke tief hinein ins eigne Herz den Blick,
Und halt' in sicherm Kreis den schnellen Geist zurück,
Damit aus jedem Ding, das außer ihm geschieht,
Er für sich selber stets die goldne Lehre zieht!
Was lange hielt verhüllt des Irrtums dunkler Bann,
Wird heller als der Strahl des Phöbus leuchten dann!
Denn noch nicht ganz des Geistes reines Licht verschwand,
Als ihn umfing des Stoffs erstickendes Gewand!
Noch liegt im tiefsten Grund der Wahrheit Keim versteckt,
Den uns aufs neue dann die weise Lehre weckt.
Zu ewig dunklem Wahne wären wir verdammt,
Wenn nicht in tiefster Brust der Wahrheit Feuer flammt!
Die Wahrheit Platon sprach, als er bekannte frei,
Daß alles Lernen nur ein Rückerinnern sei!

Nachdem sie geendet, ergriff ich meinerseits das Wort. »Vollkommen stimme ich mit Platon überein,« sagte ich, »an dessen Lehre du mich nun schon zweimal erinnert hast: zuerst, als ich mein Gedächtnis durch körperliche Leiden verloren hatte, und jetzt, da es mir unter der erdrückenden Last des Kummers abhanden gekommen ist.«

Darauf sagte meine Gefährtin: »Wenn du nun auf das zurückblickst, was wir vorhin gemeinsam festgestellt haben, so wirst du dich nunmehr auch dessen erinnern, was du noch unlängst nicht zu wissen erklärt hast!« – »Und das wäre?« – »Ich meine die Frage nach der Weltregierung!«

»Ich erinnere mich allerdings daran,« sagte ich, »meine Unkenntnis über diesen Punkt früher bekannt zu haben. Obgleich ich nun aber schon ahne, was du sagen wirst, möchte ich es doch gerne ausführlicher aus deinem eigenen Munde vernehmen!«

»Nun wohl!« sagte sie. »Vor kurzem erst hast du es für ganz unzweifelhaft erklärt, daß diese Welt von Gott regiert werde.«

»Das bezweifle ich auch jetzt nicht,« warf ich ein, »noch werde ich es jemals bezweifeln, und ich will dir die Gründe dafür in aller Kürze auseinandersetzen. Ich meine, diese Welt würde sich nie aus so verschiedenen und entgegengesetzten Teilen zu einer Einheit zusammengefügt haben, wenn nicht ein einheitlicher Geist die widersprechenden Teile miteinander verbunden hätte. Das wirklich Vereinigte würde aber infolge der Verschiedenheit seiner Natur ewig wieder auseinanderstreben und sich zu trennen suchen, wenn nicht eine einheitliche Kraft das, was sie verknüpft, auch dauernd zusammenhielte. Der Gang der Natur endlich würde nicht so sicher bestimmt sein, noch würden ihre Bewegungen derartig nach Ort, Zeit, Wirkung, Raum und Eigenschaften geordnet sich vollziehen, wenn nicht ein einheitliches Etwas da wäre, welches, selber beharrend, diese mannigfaltigen Wandlungen leitete. Dieses Eine nun, was es auch immer sei, das dem Erschaffenen Beharren und Bewegung verleiht, nenne ich eben mit der allgemein üblichen Bezeichnung: Gott!«

»Wenn du diesen Glauben hast,« entgegnete die Philosophie, »so wird es nur noch geringer Mühe meinerseits bedürfen, damit du der Glückseligkeit teilhaftig werdest und dein Vaterland gerettet wiedersiehst! Laß uns nun aber zunächst das vorhin Gefundene noch einmal näher anschauen!

Haben wir nicht die Zufriedenheit, d.h. das Freisein von jedem Mangel, zur Glückseligkeit gerechnet und sind wir nicht übereingekommen, daß Gott die Glückseligkeit selber sei?« – »Allerdings!« – »Dann wird auch Gott zur Regierung der Welt keine äußeren Hilfsmittel mehr nötig haben, denn wenn er noch irgend einer Sache bedürfte, so könnte von einem vollen Selbstgenügen bei ihm keine Rede sein!« – »Das ist unbestreitbar!« – »Er regiert also alles durch sich ganz allein!« – »Das ist nicht zu leugnen!« – »Haben wir aber nicht auch gezeigt, daß Gott das Gute selbst sei?« – »Gewiß, das haben wir!« – »Also ordnet er auch alles durch das Gute, wenn anders er durch sich selbst alles regiert, er, den wir als das Gute selbst erkannt haben. Und hier haben wir also das Steuer, durch das der Mechanismus der Welt stetig und ohne Störung im Gange erhalten wird!«

»Von ganzem Herzen,« rief ich aus, »stimme ich dieser Erklärung bei, die ich vorhin schon, wenn auch erst dunkel und unbestimmt, erwartete!«

»Ich darf demnach glauben,« fuhr meine Gefährtin fort, »daß deine Augen schon geübter geworden sind im erkennen der Wahrheit! Aber auch das, was ich jetzt noch hinzufügen will, ist nicht weniger beachtenswert!« – »Nun?« – »Da mit Recht angenommen wird, daß Gott das All mit dem Steuer des Guten regiert, und da außerdem, wie ich gezeigt habe, alle Dinge kraft eines natürlichen Triebes dem Guten zustreben: kann man unter diesen Umständen daran zweifeln, daß diese Dinge alle sich freiwillig regieren lassen und sich in einer Art Anschmiegung und Anpassung dem Winke des Lenkers fügen?«

»Nein,« antwortete ich, »daran ist kein Zweifel möglich! Denn dasjenige Regiment ist nicht glückbringend, das von Widerstrebenden als ein schweres Joch und nicht von gerne Gehorchenden als heilsam empfunden wird!«

»Kein Ding also,« fragte die Philosophie weiter, »kann, solange es seiner Natur treu bleibt, Gott entgegen handeln?« – »Nein, gewiß nicht!« – »Und wenn auch ein Ding es versuchen sollte, würde es dann etwas ausrichten können gegen den, den wir kraft seiner Glückseligkeit als den Mächtigsten anerkannt haben?« – »Nein,« sagte ich, »es würde nichts gegen ihn vermögen!« – »Es giebt also gar nichts, was dieser höchsten Güte widerstehen wollte und könnte?« –

»Ich glaube nicht!« – »Es steht also fest, daß es die höchste Güte ist, die das All kraftvoll regiert und harmonisch ordnete!«

»O!« rief ich aus. »Wie sehr erfreuen mich nicht nur die Schlüsse, die du in logischen Folgerungen gewonnen hast, sondern auch die Worte selbst, die du gebraucht und die meine Thorheit, die so lange an dem Großen herummäkelte, endlich dazu gebracht haben, daß sie sich ihrer selber schämt!«

»Ja, ja,« versetzte sie; »du erinnerst dich jetzt wohl an die Fabel von den Giganten, die sich frevelnd gegen den Himmel erhoben, schließlich aber von der Kraft der allgütigen Gottheit besiegt wurden! Jetzt wollen wir aber, wenn es dir recht ist, die Resultate unserer Folgerungen selbst einmal zu einander in Widerspruch setzen. Vielleicht, daß gerade aus diesem Widerstreit ein schöner Wahrheitsfunke hervorspringen wird!« – »Wie du willst!« sagte ich. »Niemand kann doch daran zweifeln,« begann sie nun, »daß Gott Gewalt über alle Dinge hat!« – »Wenigstens wer bei vollem Verstande ist, wird nicht daran zweifeln.« – »Wer aber Gewalt über alle Dinge hat,« fuhr sie fort, »für den giebt es nichts, das er nicht vermöchte!« – »Gewiß nicht!« – »Kann also Gott auch das Böse thun?« – »Ganz sicher nicht!« – »Also existiert das Böse überhaupt nicht,« schloß sie, »da derjenige es nicht thun kann, der alles vermag!« – »Willst du mich zum besten haben,« fragte ich dagegen, »indem du ein unentwirrbares Labyrinth mit deinen Folgerungen herstellst und bald da anfängst, wo du aufgehört hast, bald wieder da aufhörst, wo du den Anfang machtest? Oder willst du Verwirrung hineintragen in die wunderbare Einfachheit des göttlichen Wesens, in dem, wie in einem Kreise, immer eins aus dem andern hervorgeht und alles wieder auf sich selber zurückkommt? Kurz vorher bist du doch erst von der Glückseligkeit ausgegangen, die du das höchste Gut nanntest und der du im höchsten Gott selbst ihren Sitz anwiesest. Von Gott selbst sagtest du, er sei das höchste Gut und voll der höchsten Glückseligkeit, und dann fügtest du noch, gleichsam als Anmerkung, hinzu, daß also niemand glückselig sein könne, als wer zur Wesensgleichheit mit Gott gelange. Von dem Guten sagtest du dann wieder, daß es das Wesen sowohl Gottes als auch der Glückseligkeit ausmache und daß auch jene höchste Einheit wieder identisch mit dem Guten sei, das von allen Wesen ihrer Natur gemäß erstrebt werde.

Ferner hast du gesagt, daß Gott mit dem Steuer der höchsten Güte das Weltall regiere, daß ihm alles gutwillig gehorche und daß überhaupt nichts seinem Wesen nach böse sei. Dies alles aber hast du nicht mit von außen herangetragenen, sondern mit inneren, den Dingen selbst entnommenen, logisch einer aus dem andern folgenden Gründen dargethan!«

»Ich habe durchaus keinen Scherz getrieben,« entgegnete darauf die Philosophie, »und wir haben nun mit Gottes gnädigem Beistand, den wir vorher erfleht hatten, die größte und wichtigste Frage vollkommen entschieden. Denn darin liegt das innerste Wesen der Gottheit, daß sie sich nicht aus äußere Dinge ausbreitet und auf sie einwirkt, noch auch ein äußeres Ding in sich selbst aufnimmt, sondern daß sie vielmehr, wie schon Parmenides sagt, - ›Gleicher, gerundeter Kugelgestalt vor allem vergleichbar‹ - alle einzelnen Dinge in kreisender Bewegung erhält, während sie selbst als Ganzes, als Einheit, in ewiger Unwandelbarkeit beharrt.

Wenn wir aber alle unsere Gründe nicht von außen hergenommen, sondern aus dem Begriff des behandelten Dinges geschöpft haben, so darf dich dies nicht wundern, da du ja den auch von Platon gebilligten Satz gelernt hast, daß die Worte mit den Dingen, von denen sie gesagt werden, übereinstimmen müssen!«

> Selig er, der den hellen Quell
> höchster Güte zu schaun vermag!
> Selig, wer aus des Erdenstaubs
> schwerer Fessel sich kühn befreit!
> Einst beklagte der Gattin Tod
> laut des thrakischen Sängers Lied,
> dessen liebliche Weisen einst
> vorwärts führten den dichten Wald,
> hemmten eilender Ströme Lauf.
> Furchtlos nahte bei ihrem Klang
> wilden Löwen die Hirschkuh sich.
> Hasen flohen den Hund nicht mehr,
> den des Liedes Gewalt bezähmt.
> Doch als heißer dem Sänger nur
> brannt' im Herzen des Schmerzes Qual,
> als sein unwiderstehlich Lied
> selbst ihm nimmer die Ruhe gab,

da, beklagend der Götter Neid,
lenkt zum Hades den Schritt er hin.
Dort zum Klange des Saitenspiels
süß er schmeichelnde Weisen sang.
Alle Fülle der hehren Kunst,
reichstes Erbe der Mutter ihm,
alle Kraft, die der Schmerz ihm lieh,
den verdoppelt' der Liebe Qual,
faßt zusammen das süße Lied,
fleht um Gnade den finstern Ort,
fleht der Schatten Beherrscher an!
Und mit Staunen den neuen Sang
hört des Kerberos Mißgestalt.
Rachegöttinnen, die so hart
sonst verfolgen des Bösen Schritt,
hemmen nimmer der Thränen Lauf.
Auch das kreisende Rad hält an,
das des Ixion Haupt bewegt.
Seinen brennenden Durst vergißt
selbst der duldende Tantalus!
Ja, der Geier, vom Liede satt,
läßt von Tityos' Leber ab!
Endlich auch unterliegt dem Sang
Hades selber, der Schatten Herr:
»Losgekauft von des Liedes Macht,
führe, Sänger, die Gattin heim!
Doch das eine Gebot vernimm:
Wende nimmer den Blick zurück,
wenn des Tartarus Reich du fliehst!« –
Doch wer hemmte der Liebe Drang,
die sich selber allein Gesetz?!
Dicht am Ausgang zurückgewandt
sah, verlor und verdarb zugleich
Orpheus' Blick das geliebte Weib!
Euch auch drohet ein gleiches Los,
die ihr hoch in das Reich des Lichts
dringt mit strebendem Forschergeist:
Euch auch, wenn ihr besiegt den Blick
kehrt zur höllischen Nacht zurück,

geht verloren des Sieges Preis,
wenn ihr den Hades erblicket!

Viertes Buch

In sanfter und lieblicher Weise hatte die Philosophie, die immer ihre
Hoheit und Würde in Antlitz und Haltung bewahrte, diese Verse
vorgetragen. Ich aber konnte den inneren Schmerz doch immer noch
nicht völlig vergessen und überwinden und fiel ihr jetzt in die Rede,
obgleich sie offenbar noch weiter hatte sprechen wollen. »O Bringerin
des Lichts!« rief ich aus, »alles, was ich bisher von dir gehört habe,
das steht für mich teils durch seine unmittelbare göttliche Klarheit,
teils durch deine eigene Beweisführung unwiderleglich fest und war
mir, wenn auch vom Schmerz ob der erlittenen Unbill verdunkelt,
doch auch schon vorher nicht völlig unbekannt. Der Hauptgrund für
meinen Kummer liegt aber darin, daß, trotzdem ein allgütiger Lenker
der Dinge lebt, das Böse nicht nur überhaupt besteht, sondern sogar
straflos ausgeht. Daß schon diese Thatsache geeignet ist, die höchste
Verwunderung zu erregen, wirst auch du gewiß zugeben. Es kommt
nun aber etwas noch schwerer Wiegendes hinzu. Denn unter der
Herrschaft und Blüte des Unrechts empfängt die Tugend nicht nur
keine Belohnung, sondern sie wird noch überdies von den Bösen mit
Füßen getreten und muß an Stelle der Missethaten die diesen
gebührenden Strafen erdulden! Daß dies möglich ist in dem Reiche
eines Gottes, der alles vermag und alles, aber nur Gutes, will darüber
kann niemand genugsam staunen und klagen!«
»Sicherlich,« antwortete die Philosophie, »würde es der allererstaun-
lichste und ungeheuerlichste Zustand sein, wenn in dem aufs beste
geordneten Heim eines solchen Hausvaters die wertlosen Geräte gut
behandelt, die kostbaren dagegen verachtet würden! Aber dem ist
nicht so! Im Gegenteil, wenn wir unsere vorhin gewonnenen Schlüsse
auch jetzt noch gelten lassen, so kannst du aus dem Wesen desjenigen,
über dessen Reich wir jetzt sprechen, schon erkennen, daß die Guten
stets mächtig, die Bösen ohnmächtig und verworfen sind, daß das
Laster immer Strafe, die Tugend dagegen Belohnung empfängt, daß
den Guten allein das Glück, den Bösen das Unglück zu teil wird, und
noch viele andere ähnliche Wahrheiten, die deine Klagen beschwich-
tigen und dir Halt und Trost gewähren können.

Und da du nun vorhin schon unter meiner Leitung das Wesen und den Sitz der höchsten Glückseligkeit erkannt hast, so will ich dir jetzt, nach Besprechung des notwendig Vorauszuschickenden, den Weg zeigen, der dich sicher wieder nach Hause zurückführen wird! Flügel will ich deinem Geiste verleihen, auf denen er sich in lichte Höhen erheben kann, und so wirst du von aller Unruhe frei werden und schließlich auf meinen Wegen, unter meiner Leitung und Führung, gerettet ins Vaterland zurückkehren!«

Denn ich erhebe mit flüchtigen Fittichen
mich hoch empor zum Himmelszelt!
Freudig der Geist, der verachtet das Irdische,
entflieht der niedern Erdenwelt,
dringt durch der Lüfte Bereich, den unendlichen,
sieht unter sich die Wolken ziehn,
schwebt durch die obersten Schichten der Feuerwelt,
die von des Äthers Schwingung glühn.
Während er weilt in der Sterne Bereiche noch,
da teilt er bald des Phöbus Stand,
oder begleitet die Pfade des eiligen
Saturn, des Greifes, als Trabant,
oder er schwingt sich im Kreise mit anderen
Gestirnen, leuchtend klar und hell! –
Wenn er genug ihre Sphären erkundete,
verläßt er ihre Grenzen schnell,
folgt nur dem Äther, dem hellen, beweglichen,
und schaut das heil'ge Himmelslicht!
Hier hält das Scepter der König der Könige,
er thront im höchsten Weltgericht,
führt den geflügelten Wagen unwandelbar
und lenkt ein jegliches Geschick!
Führte der Weg, den du suchst, o Vergeßlicher,
dich hier auf diese Höhn zurück,
dann wirst du rufen: Ja, dies ist mein Vaterland!
Hier sei des Lebens Lauf vollbracht!
Wenn es dich dann auf die Erde gelüstete
zurückzublicken in die Nacht:
Sähst du die Fürsten, vor denen erzitterte
das Volk, beraubt, beraubt der Macht!

»Fürwahr!« sagte ich hierauf, »große Dinge verstrichst du und ich zweifle nicht daran, daß du sie auch wirst ausführen können. Nun aber halte mich auch nicht länger hin, da du meine Erwartung so mächtig erregt hast!« – »Zunächst,« sprach sie, »sollst du erkennen, daß die Guten immer Macht besitzen, die Bösen dagegen aller Gewalt entbehren. Von diesen beiden Sätzen beweist sich jeder durch den andern. Denn da gut und böse Gegensätze sind, so ist, wenn die Macht des Guten feststeht, damit auch die Ohnmacht des Bösen gegeben, und steht andererseits die Gebrechlichkeit des Bösen außer Frage, so ist damit auch die Festigkeit des Guten bewiesen. Um aber unserem Satze eine noch größere Glaubwürdigkeit zu verleihen, will ich aus doppeltem Wege vorgehen und von beiden Seiten her meine Behauptungen beweisen.

Auf zwei Dingen beruht die Wirkung aller menschlichen Handlungen: auf dem Willen und auf der Macht. Fehlt eins von diesen beiden, so kann überhaupt gar nichts zustande kommen. Denn wenn der Wille fehlt, so wird eben das nicht Gewollte überhaupt nicht in Angriff genommen, und wenn die Macht fehlt, so ist der Wille vergeblich. Wenn du also siehst, daß jemand etwas erreichen will, was er doch thatsächlich nicht erreicht, so wirst du nicht daran zweifeln, daß ihm eben die Macht, das Gewollte auch zu vollbringen, gefehlt hat.« – »Das ist klar und nicht zu leugnen!« – »Wenn du aber siehst, daß jemand das erreicht hat, was er wollte: wirst du dann daran zweifeln, daß er auch die Macht dazu gehabt hat?« – »Gewiß nicht!« – »Was also jemand kann, darin ist er mächtig, machtlos aber in dem, was er nicht kann.« – »Das gebe ich zu!« – »Erinnerst du dich nun noch des Schlusses, zu dem wir vorhin gelangten, daß das Ziel alles menschlichen Willens, so verschieden auch thatsächlich sein Streben erscheine, die Glückseligkeit sei?« – »Allerdings, das haben wir bewiesen!« – »Erinnerst du dich ferner daran, daß das Glück daß Gute selbst sei und daß also das Gute von allen gewünscht werde?« – »Daran brauche ich mich gar nicht erst zu erinnern, das ist mir noch durchaus gegenwärtig!« – »Es streben also alle Menschen, gute wie böse, mit demselben Verlangen nach der Gewinnung des Guten?« – »Das müssen wir folgerichtig annehmen« – »Es ist aber gewiß, daß diejenigen, die das Gute erreichen, selbst gut werden. Nicht wahr?« – »Sicherlich!« – »Erreichen also die Guten das Ziel ihres Strebens?« – »Es scheint allerdings so!« –

»Wenn aber andererseits die Bösen das Gute, nach dem sie streben, erreichten, so würden sie nicht böse sein.« – »Gewiß nicht!« – »Da also beide Teile das Gute zu erreichen suchen und die einen es wirklich erlangen, die andern aber nicht: ist es da zweifelhaft, daß die Guten mächtig sind, die Bösen aber machtlos?« – »Nein!« sagte ich. »Wer daran zweifelt, der kann die Natur der Dinge nicht erkennen und logische Folgerichtigkeit nicht begreifen!« – »Ferner,« fuhr die Philosophie fort, »wenn Zweien von der Natur dieselbe Bestimmung zu teil geworben ist und der eine in diesem natürlichen Beruf auf das vorgesteckte Ziel hinstrebt und es erreicht, der andere aber seine natürliche Aufgabe nicht zu lösen imstande ist, sondern auf einem andern als dem von der Natur bezeichneten Wege seine natürliche Bestimmung zwar nicht erfüllt, aber den Schein erweckt, als ob er sie erfüllte: wen von diesen beiden wirst du für den stärkeren halten?« – »Ich kann mir nun zwar schon denken,« sagte ich, »wo du hinaus willst, bitte dich aber dennoch, deine Erläuterungen noch etwas weiter auszuführen!« – »Nun gut,« sprach sie. »Wie ist es denn? Glaubst du, daß die Bewegung des Gehens den Menschen von Natur eigen ist, oder leugnest du dies?« – »O, gewiß nicht!« – »Und zweifelst du daran, daß diese Bewegung die natürliche Aufgabe der Füße sei?« – Auch daran zweifle ich nichtig – »Wenn also ein Mensch, der seine Füße zu gebrauten vermag, auf ihnen einherschreitet, ein anderer aber, dem die Füße diesen Dienst versagen, auf den Händen zu gehen versucht: wer von beiden hat dann nach deiner Meinung mit Recht als der Stärkere zu gelten?« – »Schließe nur gleich das übrige hier an,« entgegnete ich, »denn es zweifelt ja natürlich niemand daran, daß derjenige, der seine natürlichen Funktionen zu erfüllen vermag, stärker ist, als der, der es nicht kann!« – »Ich fahre also fort,« sagte meine Gefährtin. »Das höchste Gut, das den Bösen ebenso wie den Guten als Ziel vorgesteckt ist, wird von den Guten durch die natürliche Bethätigung der Tugenden erreicht, die Bösen aber suchen kraft verschiedener Begierden, die mit der natürlichen Ausgabe des Strebens nach dem Guten nichts gemein haben, eben dieses Gute zu gewinnen. Oder bist du etwa anderer Meinung?« – »Durchaus nicht,« antwortete ich, »und auch die Folgen hieraus sind mir schon völlig klar. Denn aus dem, was ich bereits als richtig anerkannt habe, ergiebt sich ja, daß die Guten mächtig, die Bösen aber machtlos sind!« –

Sie entgegnete: »Du hast rechte mit deiner vorgreifenden Bemerkung und das ist, wie die Ärzte zu hoffen pflegen, das Zeichen eines geweckten und schon gefestigten Geistes. Ich will daher, da deine Auffassung schon eine so schnelle und sichere geworden ist, jetzt gleich eine ganze Reihe von Gründen und Folgerungen zusammenfassen. Beachte also, wie sehr die Machtlosigkeit der lasterhaften Menschen zu Tage tritt, die nicht einmal dasjenige erreichen können, zu dem ein natürlicher Trieb sie zieht und fast mit Gewalt hinführt! Wie würde es aber erst sein, wenn sie auch von diesem wirksamen und fast unbesieglichen Beistand der leitenden Natur verlassen würden! Sieh nur die Ohnmacht, tu der die frevelnden Menschen befangen sind! Nicht ist es ein leichter und vergänglicher Lohn, nach dem sie vergeblich verlangen, sondern im Streben nach der Summe und dem Kernpunkt aller Dinge erweisen sie sich als unvermögend und gerade in denjenigen Dingen haben sie keinen Erfolg, die bei Tag und bei Nacht ihr ganzes Sinnen und Trachten sind. Gerade hierbei aber zeigt sich die Macht der Guten! Denn ebenso wie du denjenigen, der, auf seinen Füßen einherschreitend, bis an den äußersten für das Betreten überhaupt zugänglichen Ort gelangt, für den kräftigsten Fußgänger halten wirst, so mußt du auch denjenigen, der das äußerste überhaupt denkbare Ziel aller Wünsche erreicht, notwendig für den Mächtigsten halten. Als Gegensatz hierzu ergiebt sich dann eben, daß gerade die Lasterhaften aller Kräfte bar erscheinen. Weshalb verachten sie denn die Tugend und folgen dem Bösen? Aus Unkenntnis des Guten? Dann müßten sie gewiß als machtlos gelten, denn was ist ohnmächtiger als blinde Unwissenheit?! Oder wußten sie, daß das Gute zu erstreben sei? Dann hat sie also böse Lust vom rechten Wege abgeführt. So vermögen eben die durch Ausschweifungen Geschwächten dem Laster nimmermehr zu widerstehen. – Oder haben sie gar mit vollem Wissen und Willen das Gute verlassen und sich dem Bösen zugewandt? Dann aber sind sie nicht nur ohnmächtig, sondern hören überhaupt auf zu existieren. Diejenigen nämlich, die das gemeinsame Ziel aller aufgeben, die geben damit hoch eigentlich auch das Leben aus. Es könnte zwar jemand wunderbar erscheinen, daß wir den Bösen, die doch die Mehrzahl der Menschen bilden, die Existenz überhaupt absprechen wollen. Es ist aber doch so. Ich leugne ja nicht, daß die Bösen böse sind, aber das einfache sein spreche ich ihnen ab.

Ebenso nämlich, wie man einen Leichnam war als einen toten Menschen, aber nicht als einen Menschen schlechtweg bezeichnen kann, ebenso kann ich auch von den Lasterhaften zwar sagen, daß sie böse sind, daß sie aber schlechthin ›sind‹, das kann ich nicht behaupten. Denn das, was ist, bewahrt und beobachtet die Ordnung der Natur, was aber von ihr abweicht, giebt damit auch das in ihr liegende sein auf. Du wirst nun zwar sagen: ›Die Bösen haben doch aber immer hin eine gewisse Macht!‹ und ich will dies auch gar nicht einmal leugnen. Aber diese Macht rührt nicht von ihrer Fähigkeit, sondern ihrer Unfähigkeit her. Sie vermögen das Böse, was sie nicht könnten, wenn ihnen die größere Macht, das Gute zu thun, nicht verloren gegangen wäre! Daß sie aber jenes vermögen, zeigt so recht deutlich ihre völlige Ohnmacht. Denn wenn das Böse, wie wir vorhin durch logische Schlüsse gefunden haben, nichts ist, dann ist es auch offenbar, daß die Schlechten, da sie nur das Böse thun können, in Wahrheit gar nichts vermögen.« – »Das sehe ich ein!« sagte ich. – »Damit du aber siehst,« fuhr sie fort, »wie gewaltig die wahre Macht ist, so erinnere dich an das, was wir kurz vorhin festgestellt haben, daß es nämlich überhaupt nichts Mächtigeres geben kann, als das höchste Gut.« – »Gewiß, ich erinnere mich daran!« – »Das höchste Gut kann aber doch niemals das Böse thun!« – »Sicherlich nicht!« – »Kann nun wohl jemand sagen, daß die Menschen alles vermöchten?« – »Wer bei Verstande ist, kann das nicht behaupten.« – »Nun können die Menschen aber doch das Böse thun.« – »O wenn sie es doch nicht könnten!« – »Da also nur derjenige allmächtig ist, der allein das Gute vermag, nicht aber derjenige, der auch das Böse thun kann, so ist es klar, daß die Bösen im Vergleich zu den Guten völlig kraftlos und ohnmächtig sind.

Dazu kommt aber noch das Folgende: Wir haben gezeigt, daß alle Macht unter die begehrenswerten Dinge zu rechnen sei und daß alles begehrenswerte auf das Gute als auf sein letztes Endziel hinführt. Die Fähigkeit, das Böse zu vollbringen, kann aber nicht auf das höchste Gut hinführen, also auch nicht begehrenswert sein. Damit haben wir die einfache Schlußfolgerung:

Alle Macht ist begehrenswert, die Fähigkeit, das Böse zu thun, ist nicht begehrenswert, folglich kann die Fähigkeit zum Bösen auch keine wahre Macht sein.

Aus allem diesem ergiebt sich, daß die Guten ganz gewiß mächtig, die Bösen ohne Zweifel ohnmächtig sind und daß das Wort des Platon wahr ist, nach dem nur die Weisen das, was sie wünschen, auch vollbringen können, dagegen die Bösen zwar alles, was ihnen beliebt, auszuüben, aber nie an das Ziel ihrer Wünsche zu gelangen vermögen. Zwar glauben sie bei all ihrem Thun in dem, das sie ergötzt, das ersehnte Gut zu erreichen. In Wahrheit aber können sie es nicht, da das Böse nie der Glückseligkeit teilhaftig zu werden vermag!

Hoch erhaben auf dem Throne siehst du die Könige sitzen,
Stolz umwallt vom Purpurmantel, Schwerter und Lanzen blitzen!
Drohend schaut ihr finstres Auge, kündet verderbliche Tücke! –
Doch durchdringen diese falsche schimmernde Hülle die Blicke,
Sehn sie unter ihr die Herren lastende Fessel tragen,
Denn am Herzen böse Lüste giftig fressen und nagen!
Nimmer läßt der Zorn sie ruhen, stört den Frieden im Herzen,
Kummer und getäuschte Hoffnung schaffen verzehrende Schmerzen.
So gehorcht der eine Herrscher wiederum vielen Gewalten,
Die ihm keine Freiheit lassen, schimpflich gefesselt ihn halten!

Du siehst also, wie tief im Schmutz das Böse steckt und welche Hoheit, welcher Glanz die Redlichkeit verklärt. Daraus folgt aber auch, daß das Gute nie ohne Belohnung bleiben, das Lasterhafte niemals der Strafe entgehen kann. Denn dasjenige, um dessen willen eine Sache unternommen wird, das eben ist, wie man richtig annehmen muß, auch ihre Belohnung, wie in der Rennbahn der Kranz, der das Ziel bezeichnet, dem siegenden Renner als Belohnung zu teil wird. Nun haben wir aber gezeigt, daß die Glückseligkeit eben jenes höchste Gut selbst ist, das Ziel jeglichen Strebens, das allem menschlichen Thun als gemeinsame Belohnung ausgesetzt ist. Als solche kann sie aber den Guten unmöglich entgehen, denn was des Guten entbehrt, kann niemals selbst mit Recht als gut bezeichnet werden. Daher kann also den tugendsamen Sitten niemals ihre Belohnung entgehen, und wenn die Bösen auch wüten soviel wie sie wollen: der Kranz auf der Stirne des Weisen fällt nicht herab und niemals welkt er dahin! Den rechtschaffenen Seelen kann fremde Unredlichkeit den ihnen von Natur eigenen Glanz unmöglich ent-reißen. Zwar wenn ihnen dieser Glanz, der sie erfreut, nur von außen her gegeben wäre, so könnte er ihnen von irgend einem dritten oder auch von dem Verleiher selbst jederzeit wieder genommen werden.

Da er aber in Wahrheit den Guten durch ihre eigene innere Tugend verliehen wird, so kann auch nur der ihn wieder verlieren, der aufhört, tugendhaft zu sein! Und endlich: da jede Belohnung nur deswegen begehrt wird, weil man sie für ein Gut hält: wer könnte da von demjenigen, der des höchsten Gutes selbst teilhaftig geworden ist, behaupten, daß er der Belohnung entbehre? Und welcher Belohnung! Der größten und schönsten von allen!

Nun aber rufe dir einmal jenes Corollar ins Gedächtnis zurück, das ich dir vorhin als höchst bedeutsam mitteilte, und ziehe dann die weiteren Schlüsse daraus. Also: da das höchste Gut die Glückseligkeit ist, so müssen die Guten eben deswegen, weil sie gut sind, auch glückselig sein. Die Glückseligen sind aber, wie wir gesehen haben, gottgleich. Die Gottgleichheit ist also die Belohnung der Guten, die ihnen kein künftiger Tag abschwächen, keine Macht vermindern und keine Unredlichkeit beschmutzen kann. – Wenn sich dies aber so verhält, dann kann auch kein Weiser mehr über die unvermeidliche Strafe der Bösen im Unklaren sein. Denn wie das Gute und das Böse selbst, so zeigen auch ihre Bestrafung und ihre Belohnung das ganz entgegengesetzte Antlitz und der Art und Weise, wie wir die Belohnung der Guten sich vollziehen sehen, muß bei der Bestrafung der Bösen die betreffende entgegengesetzte Erscheinung entsprechen. Wie also die Belohnung der Rechtschaffenen in ihrer eigenen Rechtschaffenheit liegt, so ist die Strafe für die Nichtswürdigen ihre eigene Nichtswürdigkeit. Ferner, wenn ein Mensch Strafe erleidet, so zweifelt er nicht daran, daß ihm etwas Böses widerfahren sei. Wollten also die Bösen über sich selbst objektiv urteilen, könnten sie sich dann frei von Strafe erklären, sie, die von dem Allerbösesten, was es giebt, der Nichtswürdigkeit, nicht nur betroffen, sondern ganz und gar durchdrungen sind?!

Mache dir doch einmal die ganze Größe der Strafe klar, die, im Gegensatz zu den Guten, die Bösen verfolgt! Du hast vorhin gesehen, daß alles, was ist, eins ist, und daß dieses Eine wiederum identisch ist mit dem höchsten Gut, so daß also alles, was ist, auch gut sein muß. Was aber vom Guten abfällt, das hört auf, zu sein. Die Bösen hören also auf, zu sein, was sie einst waren; denn daß sie einst Menschen waren, beweist noch die ihnen gebliebene äußere Form des menschlichen Körpers. Die eigentliche innere Natur des Menschen verloren sie aber, als sie sich dem Bösen zuwandten!

Wie sich nun aber jeder durch seine eigene Tugend über die Menschheit emporheben kann, so muß andererseits die Nichtswürdigkeit diejenigen, die sie der menschlichen Natur beraubte, auch unter die menschliche Würde herabdrücken und erniedrigen, so daß du den durch das Laster Entstellten fürder nicht mehr für einen Menschen halten kannst. Brennende Habsucht verzehrt den Geizigen, den gewaltthätigen, rastlosen Räuber fremder Güter. Mit einem Wolfe wirst du einen solchen Menschen füglich vergleichen! Der Wilde und Unruhige, der seine Zunge nur zum Zanken und Streiten gebraucht, wird dir einem kläffenden Hunde, der heimliche Fallensteller aber, der gern betrügerisch im Trüben fischt, einem Fuchse ähnlich erscheinen. Wer in unmäßige Zornausbrüche verfällt, zeigt die Natur eines Löwen, die eines Hirsches dagegen, wer furchtsam und stets fruchtbereit vor den ungefährlichsten Dingen erzittert. Dem Esel ähnelt der Träge und Stumpfsinnige. Wer leichtsinnig und flatterhaft fortwährend seine Interessen wechselt, unterscheidet sich tu nichts von den Vögeln, und derjenige endlich, der in gemeinen und schmutzigen Fleischeslüsten versunken ist, der ist in seinen wüsten Begierden dem unreinen Schweine verwandt! So kommt es, daß der-jenige, der die Rechtschaffenheit aufgegeben und damit zugleich auf-gehört hat ein Mensch zu sein, nun, da er sich zum göttlichen Wesen nicht emporzuschwingen vermochte, schmachvoll zu den Tieren hinabsinkt!«

Als des Ithakerfürsten Schiff
Planlos schweifend das Meer durchschnitt,
Lenkt es Eurus der Insel zu,
Wo die liebliche Kirke weilt,
Die beim Nahen des Fremden schnell
Mischt im Becher den Willkommtrunk,
Murmelnd grausigen Zauberspruch.
Bald verwandelt den Fremden dann
Ihre kräutererfahne Hand:
Einer bietet des Ebers Bild,
Zahn und Kralle dem andern wuchs,
Mauritanischem Löwen gleich.
Wer zur Klage die Stimme hob.
Laut nun heult er im Wolfsgewand.
Als ein indischer Tiger schleicht
Jener dort um das Haus herum! –

Zwar Arkadiens milder Gott,
Hermes, schützte zur rechten Zeit
Vor dem tückischen Willkommtrunk
Ihn, den herrlichen Dulder selbst.
Doch den zauberberührten Kelch
Tranken, ach, die Gefährten schon!
Nun als Schweine nach Eicheln nur,
Nicht begehren nach Brot sie mehr!
Nichts an ihnen ist unversehrt:
Körper, Stimme verwandelt sich.
Nur die menschliche Seele blieb,
Die dies Jammergeschick beklagt!
O wie wenig vermag die Hand,
O wie wenig das Zauberkraut,
Das die Glieder verwandeln kann,
Aber nimmer des Herzens Art!
Lebenskräfte das Herz allein
Tief in heimlicher Burg verwahrt!
Wahrlich, stärkere Gifte sind's,
Die den Menschen entmenschlichen,
Die den Körper verschonen zwar,
Aber tief in den Geist hinein
Bohren eiternde Wunden!

»Ich gebe alles zu,« nahm ich nun das Wort, »und sehe ein, daß man
von den Lasterhaften, wenn sie auch die äußere Form des
menschlichen Körpers noch bewahrt haben, dennoch mit Recht
behaupten kann, daß sie in ihrer Seele zu den Tieren herabgesunken
sind. Leidenschaftlich betreibt ihr böser und wilder Sinn das
Verderben der Guten. Aber daß ihnen dies verstattet ist, das gerade ist
es, was mich schmerzt!« – »Es ist ihnen aber gar nicht verstattet,«
entgegnete die Philosophie, »wie ich am geeigneten Orte zeigen
werde. Zunächst höre folgendes: Wenn den Bösen das, was ihnen
nach deiner und vieler anderer Meinung verstattet ist, genommen und
unmöglich gemacht würde, so würden damit die verbrecherischen
Menschen von einem großen Teil ihrer Strafe befreit werden. Denn so
unglaublich es für die meisten wohl auch klingen mag: die Bösen
werden notwendigerweise dann, wenn sie ihre Wünsche verwirklichen
können, unglücklicher sein, als wenn sie ihre bösen Pläne nicht zu
verwirklichen imstande wären!

Denn wenn es schon schlimm ist, das Böse nur gewollt zu haben, so ist doch noch viel schlimmer die Macht, es auch auszuführen, die Macht, ohne welche der böse Wille nicht zur Bethätigung kommen könnte. Da also ein jedes für sich schon unheilvoll ist, so müssen diejenigen notwendig ein dreifaches Unglück empfinden, die du das Böse wollen, können und auch ausführen siehst!« – »Dem Stimme ich vollkommen bei,« fiel ich ein, »hege aber den sehnlichsten Wunsch, daß die Bösen recht bald von diesem Unglück befreit werden möchten, d.h. daß ihnen die Möglichkeit, das Ruchlose zu vollführen, entzogen werde!«

»Sie werden schneller von ihrem Unglück befreit,« entgegnete meine Gefährtin, »als du es vielleicht wünschst und als sie selber es glauben! Denn in dieser kurzen Spanne des Lebens geschieht nichts so spät, daß die Zeit bis zu seinem Eintritt der harrenden Erwartung als eine gar zu lange erscheinen könnte, am wenigsten einem unsterblichen Geist! Denn die weitausschauende Hoffnung der Bösen und das hochragende Gebäude ihrer Missethaten wird oft durch ein plötzliches und unvermutetes Ende zerstört, das dann allerdings auch ihrem Elend und Unglück ein Ziel setzt. Wenn die Nichtswürdigkeit an sich unglücklich macht, so wird notwendig derjenige der Unglücklichere sein, der längere Zeit ein Nichtswürdiger ist, und ich würde die Bösen mit dem denkbar größten, unendlichsten Unglück belastet glauben, wenn nicht am Ende wenigstens der Tod ihrer Bosheit ein Ziel setzte. Wenn wir also über das Unglück, das die Schlechtigkeit mit sich bringt, zu einem richtigen Schlusse gekommen sind, so muß dasjenige Elend das größte und schrecklichste sein, das ewige Dauer besitzt.«

»Dieser Satz,« erwiderte ich, »scheint höchst wunderbar und ich kann mich nur schwer entschließen, ihm zuzustimmen. Andererseits muß ich aber anerkennen, daß er mit den vorhin gewonnenen Resultaten in vollkommenem Einklang steht.«

»Da hast du recht!« sagte sie.»Aber wem es Überwindung kostet, einer Schlußfolgerung beizutreten, der muß doch billigerweise entweder einen Fehler in den Prämissen nachweisen, oder aber darthun, daß sich der Schlußsatz nicht notwendig aus den Vordersätzen ergebe. Kann er dies nicht, so hat er auch absolut keinen Grund, bei Anerkennung der Vordersätze Einwendungen gegen den Schlußsatz zu erheben! –

Auch das Folgende scheint nun aber nicht weniger wunderbar zu sein, und doch ergiebt es sich ebenfalls mit Notwendigkeit aus dem bereits Gewonnenen!« –

»Nun?« – »Ich behaupte, daß die Bösen glücklicher sind, wenn sie eine Strafe erleiden, als wenn die Gerechtigkeit sie ganz ungestraft gewähren läßt! Ich will hiermit nicht sagen, woran man vielleicht denken könnte, daß schlechte Sitten durch die Ahndung gebessert und böse Menschen durch die Furcht vor der Strafe wieder auf den rechten Weg zurückgeführt werden, nein, auch ganz abgesehen von etwaiger Besserung und von der abschreckenden Wirkung des schlimmen Beispiels, glaube ich, daß noch in anderer Weise die nicht bestraften Bösewichter die unglücklicheren sind!«

»Auf welche andere Weise sollte das denn noch möglich sein?« fragte ich.

Sie entgegnete: »Sind wir nicht dahin übereingekommen, daß die Guten glücklich, die Bösen aber elend seien?« – »Allerdings!« – »Wenn nun also dem Elend irgend eines Menschen etwas Gutes hinzugefügt wird, ist ein solcher Mensch dann nicht glücklicher als derjenige, dessen Elend rein und unvermischt und ohne jede Beimengung von etwas Gutem erhalten bleibt?« – »Es scheint allerdings so!« – »Wenn aber diesem Elenden, der des Guten völlig entbehrt, zu demjenigen, was ihn ursprünglich elend macht, noch obendrein ein anderes, besonderes Übel hinzugefügt wird: ist dieser Mensch dann nicht viel, viel unglücklicher als der, dessen Elend durch eine gewisse Teilnahme am Guten gemildert wird?« – »Wie meinst du das?« – »Ich meine, daß den Bösen, gerade wenn sie gestraft werden, etwas Gutes zu teil wird, die Strafe selbst nämlich, die vom Standpunkt der Gerechtigkeit aus etwas Gutes ist. Denjenigen aber, die von dem vergeltenden Leiden verschont bleiben, erwächst gerade dadurch noch ein ganz besonderes Übel, die Straflosigkeit nämlich, die du selbst vorhin als ein der Bosheit widerfahrendes Übel anerkannt hast!« - »Das kann ich wirklich nicht leugnen,« sagte ich.

»Mithin,« fuhr jene fort, »sind diejenigen Bösen, denen ungerechte Straflosigkeit zu teil wurde, viel unglücklicher als die von gerechter Vergeltung ereilten. Man kann nun auch einfach folgendermaßen sagen: Werden die Bösen bestraft, so ist dies ohne Frage gerecht. Gehen sie aber straflos aus, so widerspricht dies der Gerechtigkeit. Nicht wahr?« –

»Unleugbar!« – »Auch das aber ist unleugbar, daß alles Gerechte, also auch die Bestrafung der Bösen, auch gut, alles Ungerechte, also ihre Straflosigkeit, aber etwas Böses ist!«

»Das folgt allerdings aus den vorhin gewonnenen Schlüssen,« sagte ich. »Aber glaubst du denn auch an sühnende Leiden der Seele nach dem Tode des Leibes?«

»Gewiß!« entgegnete sie. »Sogar an große Leiden glaube ich, die teils vom Standpunkt der strafenden Härte, teils von dem der reinigenden Gnade aus verhängt sind. Doch über diese Frage haben wir jetzt nicht zu reden. Im übrigen sind wir nun in unseren Betrachtungen zu folgenden Ergebnissen gelangt: Du hast eingesehen, daß die Macht der Bösen, die dir so fluchwürdig schien, in Wahrheit keine Macht ist, daß diejenigen, deren Straflosigkeit du beklagtest, niemals der Vergeltung für ihre Bosheit entgehen, daß die Macht der Ruchlosen, deren schnelles Ende du erflehtest, in keinem Fall von langem Bestand ist, daß sie aber außerdem ihre Inhaber um so elender macht, je länger sie dauert, sie also unendlich elend machen würde, wenn sie ewig währte. Endlich haben wir gesehen, daß die Bösen durch ungerechte Straflosigkeit unglücklicher werden, als durch gerechte Vergeltung. Aus diesem letzten Satze folgt aber, daß sie gerate dann die härtesten Strafen erleiden, wenn sie sich selbst für völlig straflos halten!«

Hierauf entgegnete ich: »Wenn ich deine Gründe überblicke, so sehe ich allerdings ein, daß sie die vollkommenste Wahrheit enthalten. Achte ich aber auf das Urteil der Menschen, so möchte ich denjenigen sehen, der deine Worte für glaubwürdig hielte, ja, der deine Ausführungen überhaupt würde anhören mögen!« - »Das ist allerdings richtig,« gab sie zu. »Sie können eben ihre an das Dunkel schon gewöhnten Augen nicht mehr zum Lichte der durchsichtigen Wahrheit erheben und sind wie die Vögel, die in der Nacht sehen, am Tage aber blind sind! Sie urteilen eben nicht nach der wahren Weltordnung, sondern nur nach ihren eigenen Begierden und nur deshalb können sie die Freiheit und Straflosigkeit der Verbrechen für ein Glück erachten! wie aber bestimmt es das ewige Gesetz? Wenn du deine Seele durch das Gute erhebst, so brauchst du keinen belohnenden Richter, sondern du selbst stellst dich in die Reihe der Vortrefflichen! Aber auch dann, wenn du dein Interesse dem Bösen zuwendest, darfst du den Vergelter nicht außer dir suchen, denn du selbst würdigst dich zum Gemeinen herab! Es ist ähnlich, wie wenn du abwechselnd den schmutzigen Erdboden und den Himmel anblicktest: wenn du dabei alles um dich her vergißt, so wirst du je nach der Richtung deines Blickes bald im Kote, bald im Reiche der Sterne zu sein glauben! Die große Menge weiß natürlich nichts von alledem. Wollen wir uns aber denen zugesellen, von denen wir vorhin gezeigt haben, daß sie den Tieren zu vergleichen sind? Wenn jemand, der das Augenlicht gänzlich verloren hat, schließlich gar vergißt, daß er einmal sehend war und deshalb alle äußeren Eigenschaften der Menschen vollständig zu besitzen glaubt: sollen wir einen solchen Menschen deswegen etwa nicht für blind halten? Die große Menge wird übrigens auch gewiß nicht zugeben, was doch durch nicht weniger sichere Gründe bewiesen wird, daß nämlich diejenigen, die Unrecht thun, unglücklicher sind als die, die Unrecht leiden!«

»Möchtest du nicht auch dies noch einmal näher begründen?« bat ich.

»Gerne!« sagte sie. »Leugnest du etwa, daß jeder Böse Strafe verdiene?« – »Gewiß nicht!« – »Ist es ferner nicht aus vielen Gründen klar, daß die Bösen unglücklich sind?« – »Allerdings!« – »Du zweifelst also nicht daran, daß diejenigen, die Strafe verdienen, unglücklich sind?« – »Nein, daran zweifle ich nicht!« – »Wenn du nun aber als Richter darüber zu entscheiden hättest: wem würde dann nach deiner Meinung die Strafe aufzuerlegen sein, dem, der das Unrecht gethan, oder dem, der es erlitten hat?«

»Ich würde doch immer dem Leidenden Genugthuung verschaffen durch ein dem Thäter auferlegtes Übel!« sagte ich.

»Dabei würde dir aber doch der Übelthäter bemitleidenswerter erscheinen als der, der das Unrecht erlitt?« fragte sie weiter.

»Ohne Zweifel!« antwortete ich. »Und damit hat sich nun, sowohl aus dem zuletzt Gesagten, wie auch aus vielen andern Gründen, die sich alle auf die Thatsache stützen, daß die Schlechtigkeit an sich unglücklich macht, mit Notwendigkeit ergeben, daß das jemand zugefügte Unrecht nicht für den, der es leidet, sondern für den, der es thut, ein Unglück ist!«

»So ist es!« sagte die Philosophie. »Und doch stellen die Anwälte die Sache immer ganz anders dar. Sie suchen nämlich das Mitleid der Richter immer zu Gunsten derjenigen zu erwecken, die etwas Schweres und Herbes erlitten haben, während doch mit viel mehr Recht den Thätern Mitleid entgegengebracht werden müßte.

Ja, diese müßten nicht von erzürnten, sondern von wohlwollenden und mitleidigen Anklägern zum Tribunal wie zu einem Arzte geführt werden, damit die Krankheit ihrer Schuld durch die sühnende Strafe geheilt werde! Hierbei würde die Mühewaltung der Verteidiger dann allerdings entweder ganz fortfallen, oder auch sie müßte zur Anklage werden, wenn sie den Menschen wirklich nützen wollte. Ja, die Übelthäter selber, wenn es ihnen vergönnt wäre, gleichsam wie durch eine kleine Spalte die verlorene Tugend zu schauen und zu erkennen, daß sie durch die leiden der Strafe, die ein Ausgleich sind für die wieder zu erlangende Rechtschaffenheit, von allem Schmutz der Laster befreit werden; dann würden sie jene Leiden nicht als ein Übel betrachten, sie würden vielmehr die Bemühungen der Verteidiger zurückweisen und sich rückhaltslos den Anklägern und Richtern überantworten!

Nach alledem kann also im Herzen des Weisen der Haß keine Stätte mehr haben. Denn nur ein Thor kann die Guten hassen und ebensowenig liegt ein Grund vor zum Haß gegen die Bösen. Den körperlich Kranken bringen wir doch nur Mitleid und keinen Haß entgegen, und wenn nun, wie die Schwäche eine Krankheit des Körpers, so die Lasterhaftigkeit eine seelische Krankheit ist: um wie viel mehr geziemt es sich dann, diejenigen nicht zu verfolgen, sondern zu bemitleiden, deren Geist von der Schlechtigkeit, die schlimmer ist als alle Krankheit, umnachtet erscheint?!«

Weshalb suchen in wilder Hast die Menschen
Noch zu beschleunigen stets selbst des Geschickes Verlauf?
Wenn den Tod ihr ersehnt: er naht von selber,
Hemmt den fliegenden Lauf nimmer des schnellen Gespanns!
Selber gegeneinander zückt das Schwert ihr,
Während euch Schlangen und Leu'n, Bären und Tiger bedrohn!
Wollt ihr einer den andern frevelnd morden,
Rechtlos schlagen die Schlacht, führen den grausigen Krieg,
Weil verschieden der Völker Art und Sitte?!
Nimmer beschönt ein Grund solches entsetzliche Thun!
Willst du jedem erweisen, was ihm zukommt:
Liebe dem Guten dann, Mitleid dem Bösen gebührt!

Hieraus ergriff ich meinerseits wieder das Wort. »Ich sehe nun,« sagte ich, »welches Glück verdientermaßen der Rechtschaffenheit und welches Unglück der Verworfenheit an sich eigen ist. Aber ich meine doch, daß auch in den Wechselfällen der irdischen Geschicke in gewissem Maße etwas Gutes oder etwas Böses enthalten sein muß. Denn auch von den Weisen wird doch keiner lieber verbannt, arm und verachtet sein, als reichbegütert, hochgeehrt und mächtig in seinem Vaterlande leben. Es wird doch auch die hohe Aufgabe des Weisen gewiß noch mehr zur Geltung kommen und noch weitere Kreise mit ihrem Lichte erfüllen, wenn sich das Glück weiser Regenten gewissermaßen auch über die angrenzenden Völker ausdehnt, während doch das Gefängnis, das Kriminalgesetz und alle Unannehmlichkeiten der staatlichen Strafen vielmehr den nichtswürdigen, gefährlichen Bürgern gebühren, um deren Willen sie auch eingeführt sind! Daß es sich nun aber gerade umgekehrt verhält und die Strafe für die Verbrechen auf den Guten lastet, die Bösen aber den Lohn der Tugend an sich reißen: das erregt mein größtes Erstaunen und ich möchte von dir den Grund dieser ungerechten Vertauschung erfahren! Minder groß würde meine Verwunderung sein, wenn ich glauben könnte, daß alles durch regellosen Zufall durcheinander geworfen werde, nun aber wird gerade durch die Anerkennung der göttlichen Weltregierung mein Erstaunen noch erhöht! Denn wenn Gott bald den Guten Angenehmes und den Bösen Widriges zu teil werden läßt, bald aber umgekehrt die Guten hart behandelt, den Bösen aber ihre Wünsche erfüllt, so würde sich dies doch in keiner Weise vom blinden Zufall unterscheiden, wenn sich nicht ein tieferer Grund dafür auffinden ließe!«

»Es ist allerdings erklärlich,« entgegnete die Philosophie, »daß bei Unkenntnis des der Weltordnung zu Grunde liegenden Gesetzes alles für willkürlich und regellos gehalten wird. Da du nun aber zwar den Grund der ganzen Ordnung nicht kennst, dagegen gewiß bist, daß ein guter Lenker die Welt regiert, so darfst du auch nicht daran zweifeln, daß alles, was geschieht, gut und gerecht ist!«

Staunend immer erblickt himmlische Wunder,
Wer nicht weiß, daß stets nahe des Himmels
Höchstem Pol Arktur zieht seine Kreise,
Wie den Wagen lenkt träge Bootes,
Der so spät sein Licht senkt in die Wogen,
Um so schnell hernach wiederzukehren!
Wenn zur Sichelform schwindet der Vollmond,
Dann auch diese deckt nächtliches Dunkel;
Wenn verhüllt bisher unter der Phöbe
Hellem Antlitz nun leuchten die Sterne:
Dann verständnislos staunen die Völker,
Dann erschüttert die Luft lautes Getöse!
Wer aber staunt, wenn wild gegen das Ufer
Treibt des Nordwinds Kraft rasende Wogen;
Wenn des Phöbus Glut löste die Fesseln,
Die so hart der Frost schmiedet im Winter?!
Hier sind klar zu schaun treibende Kräfte,
Die verborgen dort Staunen erregen!
Was nicht oft sich zeigt sterblichen Augen,
Was so plötzlich naht, schreckt die Gemüter!
Wird des Wahnes Nacht endlich entschwinden,
Dann wird niemand mehr Wunder erblicken!

»Das ist allerdings richtig!« sagte ich. »Da es aber deines Amtes ist, die verborgenen Ursachen der Dinge zu ergründen und die wie von Nebelschleiern verhüllten Gesetze zu enträtseln, so bitte ich dich, mir das, was du in dieser Sache erkannt hast, auseinanderzusetzen. Sind es doch gerade diese anscheinend so wunderbaren Verhältnisse, die mich am meisten beunruhigen!«

Mit leichtem Lächeln entgegnete die Philosophie:»Du bringst mich da auf die schwierigste aller Fragen, die wohl kaum einer jemals völlig ergründet hat. Der Gegenstand ist nämlich derart, daß auch nach Beseitigung eines einzelnen Zweifels sofort unzählige andere wie die Häupter der Hydra sich erheben, und nur mit dem lebendigsten Feuer des Geistes lassen sie sich bezwingen. Wir müssen hier nämlich über die Einheit der Vorsehung, die Verkettung der Geschicke und die unvorherzusehenden Zufälle, über die göttliche Einsicht und Vorherbestimmung Untersuchungen anstellen, und du kannst selbst ermessen, wie schwierig schon jede einzelne dieser Fragen zu entscheiden ist. Da aber auch die Erkenntnis dieser Dinge zu deiner Heilung gehört, so wollen wir trotz der beschränkten Zeit doch wenigstens etwas über diese Probleme festzustellen suchen. Wenn du dich aber am liebsten an der gebundenen Rede der Lieder ergötzest, so müßt du auf dies Vergnügen schon ein Weilchen verzichten, da ich dir jetzt die verschiedenen Argumente in logischer Folge ganz schlicht und einfach darstellen will!« »Wie es dir beliebt!« sagte ich.

Da begann sie denn, indem sie ihren Ausgangspunkt änderte, folgendermaßen: »Die Entstehung aller Dinge, aller Fortschritt natürlicher Entwickelung und auch alle sonstige Bewegung empfängt ihre Ursachen, ihre Ordnung und ihre Form aus der Stabilität des göttlichen Geistes. Dieser hat in der geschlossenen Einheit seines Wesens das mannigfaltige, vielseitige Gesetz für die Weltregierung festgestellt, und dies Gesetz nennen wir, wenn wir nur an die Reinheit der göttlichen Einsicht, die es aufstellte, denken, die Vorsehung; mit Rücksicht aber auf das von ihm Bewegte und Geregelte wurde es von den Alten Schicksal genannt. Daß dies aber eigentlich ganz verschiedene Dinge sind, wird sofort klar werden, wenn wir die Bedeutung eines jeden einmal näher betrachten. Die Vorsehung ist nämlich die göttliche Vernunft selbst, die im höchsten Weltherrscher wohnt und alles lenkt und regiert. Das Schicksal aber ist die den beweglichen Dingen innewohnende Ordnung, durch welche die Vorsehung jedem einzelnen Ding seinen Platz und seine Aufgabe zugewiesen hat. Die Vorsehung umfaßt alles Bestehende, so verschieden und so zahlreich es auch sein möge; das Schicksal aber regelt die Bewegung der den einzelnen Orten, Formen und Zeiten zugeteilten Dinge, so daß also diese zeitliche Ordnung und Verteilung, in der göttlichen Anschauung zusammengefaßt, die Vorsehung ist, in eben dieser Verteilung aber und in der Art, wie sie in den einzelnen Zeitperioden zur Geltung kommt, als Schicksal bezeichnet wird. Das sind zwar verschiedene Dinge, aber eins ist im andern begründet: aus der Einheit der Vorsehung geht die Schicksalsordnung hervor. Ebenso nämlich, wie ein Künstler die Idee des zu schaffenden Kunstwerks zuerst im Geiste erfaßt und dann erst greifbar verwirklicht, indem er das, was er einheitlich und gegenwärtig schaute, erst im Verlaufe der Zeit seiner Gestaltung entgegenführt:

ebenso hat auch die Gottheit in der Vorsehung alles, was geschehen soll, einheitlich und unwandelbar bestimmt, im Schicksal aber bewegt sie nun das so Bestimmte in mannigfacher, nach den verschiedenen Zeitperioden geordneter Weise.

Ob nun aber auch das Schicksal als das Wirken gewisser der Vorsehung dienender göttlicher Geister an zusehen sei, oder ob durch das Geistesleben oder die Funktionen der gesamten Natur, durch die himmlischen Bewegungen der Gestirne, die sittliche Macht der Engel, die vielfache Bethätigung von Dämonen oder durch mehrere dieser Mächte oder auch durch alle zusammen die Fügungen des Geschickes verknüpft werden: sicher ist jedenfalls das eine, daß in der Vorsehung die einheitliche und unwandelbare Form für alles Geschehen liegt und daß das Schicksal die wechselnde Verknüpfung und zeitliche Ordnung der durch die göttliche Einheit im ganzen geregelten Dinge bedeutet. Demzufolge ist alles, was dem Schicksal untersteht, auch der Vorsehung unterworfen, die eben auch das Schicksal beherrscht. Es giebt aber andererseits auch Dinge, die zwar der Vorsehung unterstellt sind, die sich aber über das Schicksal hinaus erheben, diejenigen nämlich, die der höchsten Gottheit selber nahe stehen und in ihrer festen Begründung unberührt bleiben von der wechselnden Ordnung der Geschicke. Es ist ähnlich wie mit mehreren konzentrischen, sich um denselben Punkt drehenden Kreisen: der innerste Kreis nähert sich am meisten der Einheit des Mittelpunktes und bildet für die übrigen gleichsam wieder ein Centrum, um das sie sich herumbewegen. Der äußerste Kreis aber mit seinem weiteren Umlauf umschließt um so größere Räume, je mehr er sich von der Einheit des Mittelpunktes entfernt. Dasjenige dagegen, was sich der Mitte nähert und anschließt, wird auch selbst enger zur Einheit zusammengefaßt und hört auf, sich zu erweitern und auszudehnen. In ganz derselben Weise ist nun auch dasjenige, was sich dem höchsten Geiste mehr als ein anderes entfremdet hat, auch mehr als dieses der Macht des Schicksals unterworfen, und um so weniger vermag das Geschick über irgend ein Ding, je mehr sich dies jenem Kern- und Ausgangspunkt alles Bestehenden nähert. Denn was der einigen Festigkeit des göttlichen Geistes teilhaftig geworden ist, das trotzt unwandelbar selbst der zwingenden Gewalt des Schicksals.

Wie sich alle Beweisführung zur Vernunft an sich, wie sich das Werdende zum Seienden, die Zeit zur Ewigkeit und der Kreis zu seinem Mittelpunkt verhält, so verhält sich auch die veränderliche, dem Zeitablauf unterworfene Bethätigung des Geschickes zu der unwandelbaren Einheit der Vorsehung. Das Schicksal bewegt den gestirnten Himmel, regelt das Verhältnis der Elemente zu einander und bewirkt deren Umgestaltung durch gegenseitiges Einwirken des einen auf das andere, es erneuert auch alles, was entsteht und vergeht, durch Befruchtung und Gebären in endloser Fortentwickelung. Es verknüpft auch die Handlungen und Geschicke der Menschen in der unlösbaren Verkettung von Ursache und Wirkung, die, da sie auf die unwandelbare Vorsehung zurückgeht, notwendigerweise auch selbst wieder unabänderlich sein muß. Denn am besten werden die Dinge eben regiert, wenn in dieser Weise die beharrende Einheit des göttlichen Geistes ihre unwandelbare, in Ursache und Wirkung zusammenhängende Ordnung hervorbringt, diese Ordnung selbst aber wieder die wechselnden und ohne sie ziellos durcheinanderfließenden Dinge und Handlungen durch ihre eigene Unabänderlichkeit zusammenhält.

Wenn wir also auch nicht imstande sind, diese Ordnung zu begreifen und alles für willkürlich und regellos halten möchten, so hat doch jedes Ding sein festes Gesetz, das es beherrscht und es zum Guten hinführt. Selbst die schlechten Menschen thun nichts ausdrücklich um des Bösen willen, sondern sie werden, wie wir genugsam gezeigt haben, im Streben nach dem Guten durch einen verderblichen Irrtum vom rechten Wege abgelenkt. Dabei ist es aber natürlich nicht die vom höchsten Gut selbst ausgehende Ordnung, die den einzelnen seinem Ursprung entfremdet.

Nun wirst du allerdings fragen: Kann es denn eine unheilvollere Verwirrung geben, als die auf Erden herrschende, die sowohl den Guten bald Widriges, bald Günstiges, als auch den Bösen bald Erwünschtes, bald Verhaßtes zu teil werden läßt?

Aber ist denn der Menschengeist so vollkommen, daß diejenigen, die er für rechtschaffen oder verworfen hält, auch wirklich so sein müssen? Weichen doch hierbei auch die Urteile der einzelnen Menschen in der Regel sehr weit voneinander ab, und wer dem einen zufolge Belohnung verdient, sollte nach der Meinung der anderen der Strafe verfallen!

Aber wenn wir auch einmal zugeben wollen, daß jemand erkennen könnte, was gut und was böse sei: kann er darum auch schon die innersten Bedürfnisse der einzelnen Seelen erkennen? Ebenso wie der Leib hat auch die Seele ihre Bedürfnisse. Nun muß es aber doch schon in betreff des Leibes dem Unkundigen wie ein Wunder erscheinen, daß gesunde Körperteils das Süße, teils das Bittere vorziehen und daß von verschiedenen Kranken dem einen durch gelindere, dem andern nur durch scharfe Mittel geholfen werden kann. Der Arzt aber wundert sich nicht darüber, denn er kennt für die Gesundheit wie auch für die Krankheiten die verschiedenen Erscheinungsformen und Bedürfnisse. – Ist nun aber nicht die Redlichkeit die Gesundheit der Seelen und das Laster ihre Krankheit? Wer anders aber kann das Gute erhalten und das Böse vertreiben, als Gott, der Lenker und der Arzt der Seelen?! Er schaut herab von der hohen Warte der Vorsehung, er erkennt, was einem jeden nützt und frommt, und was er als heilsam und dienlich erkannt hat, das läßt er dann auch jedem einzelnen in seiner Fürsorge zu teil werden. Darauf beruht eben das Wunderbare der Schicksalsordnung, und Unwissende staunen über des Wissenden Werk!

Nur weniges laß mich von der Tiefe der göttlichen Einsicht reden, soweit es der menschlichen Vernunft überhaupt darüber zu urteilen verstattet ist. Es kann zunächst vorkommen, daß derjenige, den du für den Gerechtesten und Edeldenkendsten hältst, der göttlichen Allwissenheit in ganz anderem Lichte erscheint. Unser Freund Lucanus sagt an einer Stelle: die siegreiche Sache habe einst den Göttern, die besiegte aber dem Cato gefallen! So ist also oft gerade das, was wider dein Hoffen und Erwarten geschieht, die rechte Ordnung der Dinge, wenn sie sich auch von deinem Standpunkt aus als eine unheilvolle Verwirrung darstellt. Wenn nun aber wirklich einmal ein Mensch so gut geartet ist, daß das göttliche und das menschliche Urteil über ihn übereinstimmen, so kann es doch sein, daß er dabei der Charakterfestigkeit entbehrt. Stößt ihm daher etwas Widriges zu, so hört er vielleicht auf, seine Unschuld und Reinheit zu bewahren, da ja diese, wie er meint, doch nicht imstande gewesen ist, sein Glück ihm treu zu erhalten. Die alles weise verteilende Gottheit wird daher einen solchen Menschen, der durch das Unglück schlechter werden könnte, damit verschonen und ihm kein Leiden aufbürden, dem sie ihn nicht gewachsen weiß.

Ein anderer Mensch ist vielleicht vollkommen in allen Tugenden, makellos und Gott ähnlich. Dann hält die Vorsehung es für eine Verletzung der heiligen Gerechtigkeit, ihm irgend ein Übel zustoßen zu lassen, und selbst die körperlichen Leiden hält sie sorglich von ihm fern. Sagt doch ein weiser Mann, der auch uns noch an Geist überlegen ist:

›Siehe des Heiligen Leib, vom Himmel erbaut und erhalten!‹

Oft kommt es nun vor, daß den Redlichen Herrschaft und Oberleitung zu teil wird, damit das üppige Laster in Schranken gehalten werde. Anderen guten Menschen wird ein gemischtes Geschick beschieden, je nach der Art ihres Charakters. So fügt das Geschick einigen von Zeit zu Zeit ein Leiden zu, um sie nicht durch die lange Dauer des Glückes übermütig werden zu lassen. Andere wieder erfahren harte Schickungen, damit die Tugenden ihres Herzens sich festigen durch Übung und Gewöhnung zur Geduld. Es giebt auch Menschen, die entweder eine übermäßige Furcht haben vor dem, das sie sehr wohl zu ertragen vermöchten, oder die allzu verächtlich aus Dinge herabsehen, denen sie doch in Wirklichkeit durchaus nicht gewachsen sind. Diese führt das Schicksal durch traurige Fügungen zur Erkenntnis ihrer selbst.

Es hat aber, wie du weißt, auch oftmals Menschen gegeben, die sich um den Preis eines ruhmvollen Todes einen großen Namen in ihrem Zeitalter gemacht haben, und es gab und giebt auch solche, die durch unbeugsame Standhaftigkeit in Not und Unglück den übrigen durch die That bewiesen hoben, daß wahre Tugend durch Leiden nicht besiegt wird. Hierbei ist es aber doch zweifellos wahr, daß dies alles recht und weise so geordnet ist und auch den davon Betroffenen nur zu Heil und Segen gereichen kann!

Aber auch die Thatsache, daß den Bösen bald Schlimmes, bald aber Erwünschtes zu teil wird, läßt sich von demselben Gesichtspunkt aus erklären. In betreff des Schlimmen wird hier von vornherein niemand einen Zweifel hegen, da es eben allgemein anerkannt ist, daß die Bösen Schlimmes verdienen, teils damit durch ihre Leiden andere vor gleicher Missethat zurückgeschreckt, teils damit sie selbst dadurch geläutert und gebessert werden. Nun aber andererseits die günstigen Geschicke, die so oft den Bösen zuteil werden!

Diese weisen einerseits die Guten durch praktisches Beispiel darauf hin, was sie von einem derartigen Glück zu halten haben, das sie so oft auch den Bösen beschert sehen. Dann aber ist hierbei, wie ich glaube, auch noch das zu erwägen, daß einige vielleicht von Charakter so haltlos und ungestüm sind, daß sie z.B. durch Geldnot nur noch leichter zum Verbrechen getrieben werden würden. Diese seelische Krankheit mildert dann die Vorsehung durch Gewährung bedeutender Mittel.

Ein anderer kommt vielleicht durch den Besitz großer Güter dazu, daß er Einkehr hält in sein schuldbeladenes Gewissen und daß er dann, durch die Vergleichung seiner selbst mit seinem Glück, vor dem traurigen Verlust desjenigen zu zittern beginnt, dessen Besitz ihm jetzt so angenehm und teuer ist. Er wird sich dann vielleicht bessern und aus Furcht vor dem Verlust des Glückes seine Schlechtigkeit ablegen. Oft übrigens bringt das Glück den Bösen überhaupt keine Vorteile, wird vielmehr gerade durch den üblen Gebrauch, den sie davonmachen, die Ursache zu ihrem Sturz und Untergang. Ferner kann z.B. einigen von ihnen die Macht und damit die Strafgewalt verliehen sein, damit die durch deren Handhabung den Guten Gelegenheit zu sittlicher Übung und Festigung geben, den Bösen aber wirkliche Strafe zu teil werden lassen. Denn wie die Rechtschaffenen mit den Lasterhaften nichts gemein haben, so stehen sich auch die letzteren untereinander allzeit feindlich gegenüber. Da kann es dann wohl geschehen, wenn das Laster mit dem Laster in Konflikt gerät, daß dann der einzelne sich in seinem Gewissen davon abwendet und nach vollbrachter That selber erkennt, daß er nicht so hätte handeln sollen!

So bewirkt die Vorsehung oft das eigenartige Wunder, daß die Bösen von den Bösen selbst zum Guten bekehrt werden! Wenn sie sehen, daß ihnen gerade von den Bösen soviel seid zugefügt wird, so fassen manche einen brennenden Haß gegen sie und kehren gebessert zur Tugend zurück, da sie denen, die sie jetzt verabscheuen, möglichst unähnlich zu werden wünschen.

Es ist eben die göttliche Kraft allein, der auch das Böse zum Guten dient, indem sie durch zweckmäßige, weise Verwendung desselben schließlich doch eine heilsame Wirkung hervorbringt.

Alle Dinge umfaßt eine bestimmte Ordnung und was den ihm angewiesenen Platz verläßt, das tritt damit zwar in den Bereich einer andern Ordnung ein, aber niemals fällt es völlig aus aller Ordnung heraus, denn Willkür und Zufall sind unbekannt im Reiche der Vorsehung! Doch nun sage ich mit den Worten Homers:
›Aber zu schwer ist mir's, wie ein Gott das alles zu melden!‹

Es ist eben den Menschen nicht vergönnt, das ganze kunstvolle Getriebe der göttlichen Thätigkeit mit dem Geiste zu durchschauen und mit Worten zu schildern. Es genügt aber, das eine klar erkannt zu haben, daß Gott, der Vater der ganzen Natur, alles ordnet und alles zum Guten leitet, daß er alles, was er entstehen ließ, sich selbst ähnlich erhalten will und darum alles Böse durch den von der Notwendigkeit beherrschten Verlauf des Geschickes aus den Grenzen seines reiches verbannt. Du wirst daher finden, wenn du die weltregierende göttliche Vorsehung in Betracht ziehst, daß das Böse, das auf Erden in so erdrückender Fülle vorhanden zu sein, in Wahrheit nirgends seine Stätte hat!

Doch ich bemerke schon seit einiger Zeit, daß die schwerwiegende Bedeutung dieser Fragen dich bedrückt, daß die Weitläufigkeit dieser Beweisführung dich ermüdet und daß du schon wieder Sehnsucht empfindest nach dem süßen Wohllaut eines Liedes. Ich reiche dir deshalb jetzt einen frischen Trunk, der dich für die noch folgenden Betrachtungen stärken wird!

> Wer klaren Sinns möchte begreifen
> des Donnergotts hehre Gesetze,
> der blicke frei droben zum Himmel!
> Denn dort so treu göttlicher Ordnung
> in Frieden ziehn alle Gestirne.
> Es hemmt die rotglühende Sonne
> dort nie des Monds eisigen Wagen.
> Es wünscht auch nie droben die Bärin,
> die hoch am Pol zieht ihre Kreise,
> so oft sie schaut andere Sterne
> ins Meer hinabsinken im Westen,
> auch selbst ihr Licht drunten zu löschen.
> Zur rechten Zeit kündet des Abends
> Gestirn das Nahn nächtlicher Schatten;
> es bringt den Tag Lucifer wieder!

So hält im Gang ewigen Kreislauf
der Liebe Band, läßt in der Sterne
Bereich den Krieg nimmer entbrennen.
Sie hält vereint immer die Teile
des Weltenstoffs, daß sich im Wechsel
zum Trocknen fügt immer das Feuchte,
zum Himmel schlägt flüchtiges Feuer,
nach unten sinkt lastendes Erdreich.
Es haucht, getreu gleichen Gesetzen,
der Frühling stets liebliche Düfte,
es reist das Korn glühender Sommer,
der Herbst erscheint, früchtebeladen,
und Regen bringt immer der Winter.
So nährt des Jahrs heilsamer Wechsel
und treibt und hegt jegliches Leben.
Er giebt und nimmt ununterbrochen,
und läßt vergehn alles Entstandne.
Doch hoch und hehr thronet der Schöpfer,
regiert des Alls ewige Zügel.
Der Herr und Fürst, Anfang und Ursprung,
des Rechtes Quell, weisester Richter!

Er selbst erregt jede Bewegung
und hemmt sie selbst, Schweifendes bindend.
Wenn nicht zurück immer die Gottheit
zur rechten Bahn führte Verirrte:
vom Ursprung fern würde verfallen,
was nun umschließt sichere Schranke!
Zur Gottheit strebt jegliche Liebe,
zum Vater zurück sehnt sich der Gute!
Nur dann ihm blüht ewiges Leben,
wenn ihn zurück wieder die Liebe
zum Ursprung führt, dem er entsprossen!

Erkennst du jetzt aber auch,« fuhr die Philosophie nun fort, »was aus all dem Gesagten folgt?« – »Nun?« – »Es folgt daraus, daß jedes Geschick ein gutes ist!«

»Wie ist das aber möglich?!« warf ich ein.

»Gieb acht!« sagte sie. »Da jedes Geschick, das freundliche und das harte, entweder zur Belohnung oder Prüfung der Guten oder zur Bestrafung oder Besserung der Bösen verhängt ist, da also mit anderen Worten jedes Geschick entweder geredet oder heilsam ist, so muß es notwendig auch immer gut sein!«

»Das ist allerdings sehr wahr,« gab ich zu, »und wenn ich auf das vorhin von dir über die Vorsehung und das Schicksal Gelehrte zurückblicke, so muß ich auch anerkennen, daß deine Behauptung sich auf sehr feste Gründe stützt. Aber wenn es dir recht ist, so wollen wir sie doch jedenfalls zu den paradox klingenden Aussprüchen zählen, wie du solche vorhin schon mehrfach angeführt hast.«

»Warum denn?« fragte sie.

»Weil der gewöhnliche Sprachgebrauch der Menschen sehr oft ein Geschick als unglücklich bezeichnet!«

»Gut,« sagte sie, »dann wollen wir uns also ein Weilchen dem gewöhnlichen Sprachgebrauch anschließen, damit wir uns nicht allzuweit von menschlicher Art und Weise zu entfernen scheinen!« – »Wie es dir beliebt!« – »Nun gut. Hältst du nun etwa nicht, auch vom Standpunkt der gewöhnlichen menschlichen Auffassung, das, was uns nützt, auch für gut?« – »Gewiß!« – »Nützlich ist uns aber doch auch das, was uns prüft und bessert, nicht wahr?« – »Allerdings.« – »Also ist auch dies etwas Gutes!« – »Natürlich.« – »Dies aber ist das Schicksal derjenigen, die entweder treu in der Tugend verharrend gegen Widerwärtigkeiten ankämpfen, oder die sich vom Laster abwenden und auf den Weg der Tugend zurückkehren.«

»Dagegen kann ich nichts einwenden,« sagte ich.

»Wird nun aber etwa das Angenehme,« fragte sie weiter, »das den Guten als Belohnung zu teil wird, gewöhnlich für etwas Schlimmes gehalten?«

»Nein, im Gegenteil,« antwortete ich, »man hält es, wie es ja auch richtig ist, für ein großes Glück.«

»Hält aber etwa die Menge das harte Geschick, das die Strafe der Bösen ist, für etwas Gutes?«

»Im Gegenteil,« erwiderte ich, »sie hält es für das denkbar größte Unglück.«

»Nun gieb aber acht,« sagte meine Gefährtin darauf, »ob wir nicht auch vom Standpunkt dieser gewöhnlichen menschlichen Auffassung aus zu einem ganz überraschenden Schlusse gelangen!« – »Nun?« – »Aus dem bis jetzt Festgestellten ergiebt sich nämlich, daß das Geschick derjenigen, die im Besitz der Tugend sind, oder sich in ihr vervollkommnen oder doch nach ihr streben, immer ein gutes, das Geschick der in ihrer Schlechtigkeit Verharrenden immer ein sehr böses ist!«

»Das ist allerdings wahr,« entgegnete ich, »wenn es auch wohl niemand ohne weiteres zugeben würde!«

»Deshalb aber,« fuhr sie fort, »darf sich auch der Weise nicht beklagen, wenn er zum Kampf mit dem Geschick berufen wird, ebenso wie auch ein tapferer Mann nicht unwillig werden darf, wenn Streit und Krieg sich erhebt. Bietet doch beiden gerade die Bedrängnis Gelegenheit, dem einen, seinen Ruhm auszubreiten, dem andern, seine Weisheit zu befestigen. Daher hat ja auch die Tugend ihren Namen, weil sie wohl dazu taugt, mit eigener Kraft alle Fährlichkeit zu besiegen.

So sollt nun auch ihr, die ihr auf der Bahn der Tugend schon so weit vorwärts geschritten seid, nicht in Vergnügungen euch zerstreuen und in Lüsten dahinwelken, sondern ihr sollt den Kampf, den oft so harten Kampf mit jeglichem Geschick aufnehmen und euch nicht vom Unglück unterdrücken und vom Glück verderben lassen. Haltet euch mit frischen Kräften in der rechten Mitte, denn alles, was dahinter zurückbleibt oder darüber hinausgeht, das verzichtet auf die Glückseligkeit und empfängt keinen Sohn für seine Mühen. Wie ihr euer Geschick gestalten wollt, das ist in eure eigene Hand gegeben. Denn alles, was euch hart erscheint, das ist eine Strafe, wenn ihr es euch nicht zur Prüfung oder zur Besserung dienen laßt!«

Lange Jahre kämpfte der Sohn des Atreus,
bis des Bruders schnöde geschändet Lager
ihm gesühnt des phrygischen Reichs Vernichtung.
Als mit Blut er günstigen Wind erkaufte,
weil der Griechen Flotte der Abfahrt harrte:
nicht mehr Vater, ein Priester nur, durchbohrt' er
trauernd, ach! den Hals der geliebten Tochter!
Tief beklagt der Freunde Geschick Odysseus,
welche wild verschlang Polyphem, der Unhold,
hausend tief in riesiger Felsengrotte.
Doch zum Troste diente dem feuchten Auge
doch des schlau geblendeten Riesen Anblick!
Wer nicht kennt des Herkules Heldenthaten?
Er bezwang der Hippokentauren Kühnheit,
raubt' das Fell des nimmer besiegten Löwen,
traf mit sichern Pfeilen die Stymphaliden,
nahm, zum Trotz dem Drachen, die goldnen Äpfel,
er, des Linke wuchtiger noch als Gold war!
Dreifach band er Cerberus' Höllenstärke,
Siegreich warf er dann Diomedes' Leiche
vor, ein grauses Futter, den eignen Rossen!
Hydra starb, im Feuer das Gift verlierend;
Tief ins Wasser taucht Achelous nieder,
scheu die schnöd' geschändete Stirn verbergend.
Dort in Libyens Wüsten erlag Antäus,
Cacus büßt im Tode den Zorn Euanders.
Auf die Schulter, Trägerin bald des Weltalls,
floß herab der Schaum des erlegten Ebers.
Dann zuletzt mit nimmer gebeugtem Nacken
stützt er stark den Himmel, und ging dann selber
ein zum Himmel, belohnt für alle Mühsal!
Folgt nun kühn der glänzenden Bahn des Vorbilds!
Wendet niemals fliehend den Rücken feige!
Denn wer kühn die Erde besiegt, empfängt zum
Lohne den Himmel!

Fünftes Buch

Als die Philosophie ihren Gesang beendet hatte, wollte sie das Gespräch auf andere Betrachtungen und Untersuchungen hinüberlenken. Ich aber ergriff das Wort und sagte; »Du bist kraft deiner Autorität in jeder Weise befugt, diese an sich schon so wohl begründete Ermahnung auszusprechen. Ich sehe jetzt übrigens in der That ein, daß die Frage nach der Vorsehung, wie du vorhin schon bemerktest, mit vielen andern wichtigen Fragen aufs engste verknüpft ist. Zunächst aber möchte ich nun wissen, ob du überhaupt an einen Zufall glaubst und was du als solchen bezeichnest!«

Darauf entgegnete sie: »Ich will mich beeilen, mein Versprechen einzulösen und dir den Weg zu erschließen, auf dem du wieder in deine wahre Heimat zurückzugelangen vermagst. In betreff der von dir gestellten Frage ist es nun aber einerseits zwar sehr nützlich, darüber ins klare zu kommen, andererseits aber führt sie uns für ein Weilchen von unserem Hauptthema ab und ich fürchte fast, daß dich diese Abschweife ermüden und zur Vollendung des rechten Weges unfähig machen könnten!«

»Das brauchst du durchaus nicht zu fürchten!« erwiderte ich. »Die Erlangung dieser so heiß ersehnten Erkenntnis wird mir vielmehr eine Beruhigung sein, zumal ich bei der überzeugenden Kraft, die deine Ausführungen bisher nach jeder Richtung hin bewährt haben, auch im folgenden sicher zur vollsten Klarheit zu gelangen hoffen darf!«

»Gut,« sagte sie, »so will ich dir willfahren.« Und nun begann sie folgendermaßen: »Wenn jemand unter Zufall ein ganz von selbst, außerhalb jeder ursächlichen Verknüpfung vor sich gehendes Ereignis versteht, dann behaupte ich allerdings, daß es überhaupt keinen Zufall giebt und daß dieses Wort, wenn man auch etwas thatsächlich Geschehendes damit bezeichnet, dennoch an sich völlig bedeutungslos ist. Wo könnte denn bei der alles ordnenden Thätigkeit Gottes ein solcher Zufall noch seine Stätte haben?

Daß aus nichts auch nichts entstehen kann, ist ein wahrer Satz und auch von den Alten niemals bezweifelt worden, wenn diese dabei auch mehr an das Entstehen aus realer Materie, als an das Bewirktwerden von einer ursächlichen Kraft gedacht haben. Aber in jenem Satz an sich haben sie den Grundstein gelegt für alle denkende Naturbetrachtung.

Wenn nun etwas ohne alle Ursache geschehen soll, so entsteht es eben aus nichts, und da dies unmöglich ist, so ist eben auch kein Zufall in dem vorhin bezeichneten Sinne möglich!«

»Du meinst also,« warf ich ein, »daß gar nichts mit Recht als Zufall bezeichnet werden kann? Oder giebt es etwas Derartiges, wenn auch die Menschen die Bezeichnung ›Zufall‹ meist in unrichtiger Weise gebrauchen?«

»Mein Jünger Aristoteles,« antwortete sie, »hat diese Fragen in seinem Werke ›Physika‹ in kurzer und der Wahrheit am nächsten kommender Weise beantwortet.« - »Wie aber?« fragte ich.

»Er sagt folgendermaßen: Wenn jemand irgend etwas zu einem bestimmten Zwecke vornimmt und wenn er dann aus gewissen Gründen etwas ganz anderes als das Erwartete damit erreicht, so nennt man das einen Zufall; so z.B. wenn jemand, um seinen Acker zu bestellen, den Boden umgräbt und dabei eine Summe gemünzten Goldes findet. Hier scheint nun zwar ein Zufall vorzuliegen, aber in Wirklichkeit ist doch dies Ereignis durchaus nicht durch nichts bewirkt, es hat vielmehr seine ausreichenden Ursachen, deren unvorherzusehendes und überraschendes Zusammentreffen den Schein der Zufälligkeit erweckte. Hätte nämlich der Landmann seinen Acker nicht umgegraben und hätte nicht gerade dort irgend jemand sein Gold verscharrt gehabt, so wäre eben das Gold nicht gefunden worden. Das Wesen eines sogenannten zufälligen Ereignisses besteht also kurz darin, daß es durch das Zusammentreffen mehrerer voneinander unabhängiger Ursachen ohne jede Absicht des Betreffenden geschieht. Denn nieder derjenige, der das Gold vergrub, noch derjenige, der seinen Acker bestellte, hatten dabei die Absicht, daß das Gold in dieser Weise gefunden werde, sondern es trafen eben die beiden ganz selbständigen Ereignisse zusammen, daß dieser gerade an der Stelle grub, wo jener sein Gold verscharrt hatte. Wir gewinnen damit also die folgende Definition des Zufalls: Der Zufall besteht darin, daß durch eine auf ein bestimmtes Ziel gerichtete Thätigkeit ein ganz unerwarteter, durch verschiedene selbstständige zusammentreffende Ursachen bewirkter Effekt erzielt wird. Das Zusammentreffen und das Zusammenwirken dieser Ursachen erfolgt auf Grund eben jener in unabänderlicher Verknüpfung bestehenden Ordnung, die, von der Vorsehung als von ihrer Quelle ausgehend, alles nach Ort und Zeit regelt und bestimmt.«

Droben im zackigen Persergebirg', wo fliehende Scharen,
plötzlich gewendet, ins Herz jagen dem Sieger den Pfeil,
Fließen aus einem Quell der Euphrat her und der Tigris;
aber getrennt alsbald wälzen die Wasser sie hin.
Wenn aber wieder versöhnt in dem nämlichen Bette sie gleiten,
wird die schwimmende Last beider in eine vereint.
Schiffe gesellen sich dann und stromgetragene Stämme,
seltsame Bande knüpft oft die vereinigte Flut!
Aber den wechselnden Lauf, ihn regiert die Gestaltung der Erde,
auch im Strudel und Fluß herrscht des Gefälles Gesetz.
Also der Zufall auch, der scheinbar zügelbefreite,
treu und gehorsam stets feste Gesetze befolgt!

»Ich verstehe das,« sagte ich hierauf, »und stimme deinen Ausführungen vollkommen bei. Ist denn nun aber in dieser großen Reihe in sich zusammenhängender Ursachen und Wirkungen überhaupt noch Raum für die Freiheit unseres Willens oder sind auch die Regungen der Menschenseele gänzlich und unbedingt der Verkettung des Schicksals unterworfen?«

»Nein,« antwortete sie, »es giebt einen freien Willen und vernunftbegabte Wesen sind ohne ihn überhaupt gar nicht denkbar. Was nämlich von der Natur mit der Gabe des Vernunftgebrauchs beschenkt ist, das hat damit auch die Fähigkeit zu urteilen und zu entscheiden bekommen und erkennt aus eigener Kraft, was es fliehen und was es sich wünschen muß. Was aber jemand für wünschenswert hält, das sucht er zu erlangen, und demjenigen weicht er aus, vor dem er sich hüten zu müssen glaubt. So hat also derjenige, der Urteilskraft besitzt, auch die Freiheit, zu wollen oder nicht zu wollen. Allerdings ist aber diese Freiheit nicht bei allen die gleiche: die erhabenen göttlichen Wesen haben zwar ein untrügliches Urteil, uneingeschränkte Willensfreiheit und auch die Macht, das Gewünschte Sofort zu verwirklichen. Die menschlichen Seelen aber sind am freiesten, wenn sie noch ganz in der Betrachtung des göttlichen Geistes verharren, weniger frei, wenn sie in Körper eingehen und noch weniger, wenn sie in den gegliederten irdischen Leib hineingebannt werden. Die äußerste Knechtschaft ist es aber, wenn sie sich den Lastern hingeben und damit den Besitz der Vernunft verlieren, die den Menschen doch eigentlich erst zum Menschen macht. Denn wenn sie ihre Augen vom Lichte der ewigen

Wahrheit abwenden und sie auf die niedrigen, dunklen Dinge richten, dann wird sie bald der Nebel des Wahnes völlig umhüllen und verderbliche Leidenschaften werden sie beunruhigen. Aber gerade durch die Hingabe an diese Leidenschaften verschärfen sie sich noch die selbstgeschaffene Knechtschaft und machen sich gewissermaßen kraft der Freiheit ihres Willens selber zu Gefangenen.

Alles dies aber erkennt klar die unmittelbare Anschauung der Vorsehung, die von Ewigkeit her alles voraussah, und sie teilt einem jeglichen das ihm bestimmte Los zu, so wie er es verdient, sie, die ›auf alles herabschaut, alles auch höret.‹

> Phöbus, den Träger strahlenden Lichtes,
> preisen Homers entzückende Lieder!
> Machtlos aber vermag er die Strahlen
> nicht in der Erde innerste Schluchten,
> nicht in des Meeres Tiefen zu senken.
> Anders dagegen der Schöpfer des Weltalls
> leitet das Ganze vom Throne des Himmels.
> Nimmer beschränkt ihn die Masse der Erde,
> nimmer der Wolken nächtliches Dunkel!
> Seiender, Werdendes und auch Vergangenes
> schaut er mit einem Blicke des Geistes.
> Ihm nur erhellt sich ein jegliches Dunkel,
> er nur allein ist die Sonne der Welten!

»Aber sieh!« nahm ich nun wieder das Wort, »nun werde ich wieder von einem andern, noch schwerer zu lösenden Zweifel befallen!« »Was ist denn das für ein neuer Zweifel?« fragte meine Gefährtin. »Freilich kann ich es mir fast schon denken, was dich nun wieder beunruhigt!« - »Es scheint mir,« entgegnete ich, »ein großer Gegensatz und Widerspruch darin zu liegen, daß einerseits Gott alles vorherwissen und andererseits doch eine Freiheit des Willens bestehen soll. Wenn nämlich Gott alles voraussieht und bei ihm jeder Irrtum unmöglich ist, so muß doch notwendigerweise alles das eintreten, was die göttliche Vorsehung voraussieht. Da diese nun aber nicht bloß die Thaten der Menschen, sondern auch ihre Gedanken und Willensregungen vorherweiß, so scheint es doch keinen freien Willen geben zu können; denn es kann weder irgend ein Ereignis eintreten, noch irgend eine Willensregung lebendig werden, von denen die untrügliche göttliche Vorsehung nicht vorher Kenntnis gehabt hätte.

Könnte sich aber der Wille auch in einer anderen als in der so vorhergesehenen Weise bethätigen, so könnte man eben nicht von sicherer Voraussicht, sondern nur von einer unbestimmten Meinung reden, und so etwas von Gott zu sagen, halte ich für sündhaft. Ich kann aber auch jener Ausführung nicht zustimmen, mittelst welcher einige über die Schwierigkeit dieser Frage hinwegzukommen glauben. Diese sagen nämlich, daß das zukünftige Ereignis nicht deswegen geschieht, weil die göttliche Allwissenheit sein Eintreten vorausgesehen hatte, sondern daß gerade umgekehrt ein Ereignis deswegen, weil es künftig geschehen wird, der göttlichen Voraussicht nicht verborgen bleiben kann. Man müsse also die ganze Sache umkehren, denn es sei nicht notwendig, daß etwas Vorausgesehenes wirklich geschehe, sondern daß das künftige Ereignis vorausgesehen werde. – Als ob es sich hierbei überhaupt um die Frage handelte, welches der Grund und welches die Folge sei, ob die Vorsehung der Grund der Notwendigkeit eines künftigen Geschehens, oder ob eben diese Notwendigkeit der Grund für die göttliche Voraussicht sei. – wir wollen hier aber doch nur untersuchen, ob, auch ganz abgesehen von aller Verknüpfung von Grund und Folge, das Eintreffen der vorausgesehenen Dinge ein notwendiges sei, wenn auch das Vorauswissen selbst nicht die Notwendigkeit des künftigen Geschehens bewirkt. Wenn jemand sich in sitzender Stellung befindet, und ein anderer vermutet, daß er sitze, so ist diese Vermutung natürlich notwendigerweise wahr, und ebenso umgekehrt, wenn jemand von einem andern die richtige Vermutung hegt, daß er sitze, so muß dieser andere natürlich auch thatsächlich sitzen. In beiden Fällen liegt eine Notwendigkeit vor, hier, daß der Betreffende sitze, dort, daß die gehegte Vermutung der Wahrheit entspreche. Aber nicht deswegen sitzt der Betreffende, weil die dahin gehende Vermutung wahr ist, sondern die letztere ist vielmehr wahr, weil der Mensch wirklich schon saß, als sie gefaßt wurde. Wenn also auch der Grund für die Notwendigkeit der einen in der andern Thatsache liegt, so ist doch die Notwendigkeit für beide die gleiche.

Ähnliches läßt sich nun aber auch von der Vorsehung und den zukünftigen Ereignissen sagen. Denn wenn letztere auch deswegen, weil sie wirklich eintreten werden, vorausgesehen werden, nicht aber, weil sie vorausgesehen werden geschehen: so müssen sie hoch entweder von Gott als künftig eintretend Vorausgesehen werden, oder, als von Gott vorausgesehen, sich verwirklichen, und jede dieser zwei Möglichkeiten würde für sich schon genügen, um jede Willensfreiheit illusorisch zu machen. – Wie widersinnig ist es überhaupt, das Eintreten zeitlicher Dinge für den Grund der ewigen Vorsehung zu erklären! Denn zu sagen, daß Gott deswegen die Dinge vorhersehe, weil sie thatsächlich geschehen werden, das ist doch eigentlich nichts anderes, als früher vorgefallene Dinge, bereits feststehende Thatsachen, für den Grund göttlicher Voraussicht zu halten! – Ferner: wenn ich von einem Dinge weiß, daß es existiert, dann muß es eben auch existieren. Ebenso aber muß auch dasjenige eintreten, von dem ich gewiß weiß, daß es eintreten wird so ist es also unmöglich, daß ein Ereignis, von dem ich wirklich vorherweiß, nicht geschehe. Endlich: wenn jemand eine den thatsächlichen Verhältnissen nicht entsprechende Ansicht hat, so liegt kein wahres Wissen vor, sondern eine irrtümliche Meinung, die von der Wahrheit des wirklichen Wissens sehr weit entfernt ist. Wenn also ein Thun oder Geschehen seiner Natur nach derartig ist, daß man nicht sicher und bestimmt sagen kann, daß es eintreten wird, wer wird dasselbe dann überhaupt vorherwissen können? Wie wahre Wissenschaft nichts irrtümliches enthalten kann, so ist es auch einfach unmöglich, daß eine Sache sich thatsächlich anders verhalte, als eben diese Wissenschaft sie auffaßt. Die Wissenschaft kann aber aus dem Grunde nichts Falsches enthalten, weil kein Ding sich anders verhalten kann, als es von der untrüglichen wahren Wissenschaft begriffen wird!

Wie steht es nun aber? Wie kann Gott diese ihrer Natur nach ungewissen Dinge vorauswissen? Hält er das Eintreffen von Ereignissen, die möglicherweise auch ungeschehen bleiben könnten, für vollkommen sicher, so täuscht er sich: dies darf man aber nicht einmal denken, geschweige denn offen aussprechen! Wenn Gott aber die richtige Ansicht über die Zukunft solcher Dinge hat und erkennt, daß sie ebensogut geschehen wie ungeschehen bleiben können, so kann man das doch kein Vorherwissen nennen, da er ja gar nichts Sicheres und Bestimmtes weiß. Es würde damit ebenso sein wie mit dem lächerlich klingenden Seherspruch des Tiresias:

›Was ich verkünd', o Laertessohn, wird sein oder nicht sein!‹

Inwiefern würde denn die göttliche Voraussicht die menschlichen Meinungen übertreffen, wenn sie, ebenso wie die Menschen, solche Dinge, deren Zukunft ungewiß ist, auch für ungewiß erklären müßte?

Wenn aber bei diesem sichersten Quell aller Dinge keine Unsicherheit bestehen kann, dann muß doch auch alles genau so eintreffen, wie Gott es bestimmt vorhergewußt hat. Da gäbe es denn keine Freiheit mehr für die menschlichen Gedanken und Handlungen, die der göttliche Geist alle voraussieht und jedem seine eine, unabänderliche Zukunft zuweist. Wenn man dies aber anerkennt, wie traurig sind dann die Folgen, die sich daraus für die menschlichen Verhältnisse ergeben! Zwecklos und bedeutungslos würden damit alle Strafen und alle Belohnungen, die für die Bösen und die Guten ausgesetzt sind, da sie nicht mehr durch freie und selbstthätige Willensäußerungen verdient werden! Im höchsten Grade ungerecht würde dann erscheinen, was uns heute das Gerechteste dünkt, daß nämlich die Bösen bestraft und die Guten belohnt werden, denn dann werden diese ja zum Bösen wie zum Guten nicht mehr durch den eigenen Willen, sondern durch die unabänderliche Bestimmtheit der Zukunft geführt werden. Es würde dann kein. Laster und keine Tugenden mehr geben sondern wirr und ununterscheidbar würden Verdienst und Verschuldung durcheinander gemengt sein! Die allerlächerlichste Folge wäre aber diese: da die ganze Weltordnung aus der göttlichen Vorsehung abgeleitet und dem menschlichen Denken keine Selbstthätigkeit mehr belassen würde, so müßten dann auch alle unsere Laster und Unthaten aus den Vater alles Guten zurückgeführt werden!

Außerdem hätte dann aber auch alles Hoffen und alles Beten gar keinen Sinn mehr. Denn was sollen wir hoffen oder erbitten, wenn alles, also auch das, was wir uns wünschen, in der unabänderlichen Folge der Geschicke schon jetzt vorherbestimmt ist? Damit würde aber der einzige unmittelbare Verkehr zwischen Gott und den Menschen hinwegfallen, der eben im Hoffen und im Gebet besteht. Können wir durch schuldige Demütigung das unschätzbare Gut der göttlichen Gnade erlangen, so ist dies eben die einzige Art, wie die Menschen mit Gott in Verbindung treten und des unerreichbaren Gotteslichtes, schon bevor sie zu seiner Herrlichkeit eingehen, teilhaftig werden können! Nehmen wir aber eine unabänderlich vorherbestimmte Zukunft an, so verlieren Hoffnung und Gebet ihre Kraft, und wie vermöchten wir dann noch zur Vereinigung und Verbindung mit dem höchsten Lenker aller Dinge zu gelangen?!

Dann könnte man wirklich mit den Worten deines Liedes sagen, daß
das Menschengeschlecht, von seinem ewigen Quell getrennt,
verwelken und verfallen müßte!«

Was untergräbt die Verknüpfung der Dinge?
Welche Gottheit reizte die Wahrheit
gegen die Wahrheit zu heftigem Kampfe?
Jede für sich ward nimmer bezweifelt,
nicht aber gelten sie nebeneinander.
Oder besteht hier keinerlei Zwiespalt?
Muß nicht zum Wahren sich fügen das Wahre?
Ach, unser Geist in den Banden des Körpers
kann bei der schwächeren Flamme des Lichtes
nicht mehr die feinsten Verknüpfungen finden!
Aber weshalb denn begehrt er so glühend
nach der verschleierten Wahrheit Erkenntnis?
Weiß er denn, was er sich müht zu erkennen?
– Wer aber strebt nach erlangter Erkenntnis? –
Weiß er es nicht: was sucht er so blind dann?
– Keiner begehrt doch, was nicht er erkannte,
keiner erstrebt doch so dunkele Ziele! –
Wo soll er suchen? Und wenn er gefunden,
woran erkennen, es sei das Ersehnte?
Einst hat erkannt er mit göttlicher Klarheit
nicht nur das Ganze, das Einzelne gleichfalls.
Aber auch jetzt, in den Banden des Körpers,
hat er nicht gänzlich vergessen des Ursprungs,
schaut noch das Ganze, doch nicht mehr die Teile!
Also der Mensch, wenn er strebt nach der Wahrheit.
nicht mehr erkenntlich erblickt er die Ziele.
Aber ein Ahnen verblieb ihm im Herzen:
Ans Allgemeine sich immer erinnernd,
zieht er zu Rate das droben Geschaute,
daß an der Hand des geretteten Wissens
wieder er finde verlorene Wahrheit!

Hieraus entgegnete die Philosophie: »Der Streit über die Vorsehung ist schon sehr alt. Auch Cicero hat ihn in seiner Untersuchung über die Gabe des Voraussehens lebhaft erörtert, du selbst hast lange und viel darüber nachgedacht, aber trotzdem ist noch niemand mit ausreichendem Fleiß und der erforderlichen Folgerichtigkeit bis zur Erkenntnis der Wahrheit durchgedrungen. Daß die Frage immer in Dunkel gehüllt geblieben ist, kommt aber daher, daß die Kraft menschlicher Gedankenarbeit das einfache Wesen des göttlichen Vorherwissens eben nicht zu erfassen vermag. Könnte sie es, so würden ihr damit sofort alle Zweifel für immer gelöst sein.

Ich werde nun versuchen, die Frage zu erörtern und aufzuklären; vorher aber will ich noch etwas näher auf dasjenige eingehen, was dich in dieser Sache so mächtig beunruhigt. Ich frage dich also, warum du jene von dir erwähnte Erklärungsweise für unannehmbar hältst, die da behauptet, daß die göttliche Voraussicht der Freiheit des Willens deswegen nicht entgegenstehe, weil sie nicht der Grund für die Notwendigkeit des Eintretens zukünftiger Ereignisse sei. Du kannst also diese Notwendigkeit, ganz abgesehen von dem Verhältnis von Grund und Folge, nur so verstehen, daß das im voraus Erkannte eben auch wirklich geschehen muß. Wenn also, wie du vorhin sagtest, die Notwendigkeit künftiger Ereignisse nicht durch das Vorherwissen selber bewirkt ist, wodurch sind dann die aus freiem Willen beruhenden Geschehnisse in dieser ganz bestimmten Weise zur Vollendung gebracht? Nehmen wir doch, damit tu dir über die Folgen klar wirst, beispielsweise einmal an, es gebe kein Vorherwissen: dann kann doch von dieser Seite her die Notwendigkeit der auf freiem Willen beruhenden Ereignisse nicht bewirkt werden. Nicht wahr?« – »Gewiß nicht!« – »Nehmen wir nun aber an, es gebe ein Vorherwissen, dasselbe sei aber nicht der bewirkende Grund für die Notwendigkeit der Ereignisse, so bleibt meiner Ansicht nach die Freiheit des Willens voll und unbeschränkt bestehen.

Darauf wirst du vielleicht entgegnen, daß das Vorherwissen, wenn es auch nicht selbst die Notwendigkeit des Geschehens begründe, doch ein Zeichen dafür sei, daß irgend etwas notwendigerweise eintreten werbe. Damit wäre aber doch, auch abgesehen von allem Vorhererkennen, die Notwendigkeit des zukünftigen Geschehens angenommen. Jedes Zeichen zeigt eben etwas Thatsächliches an, wenn es dies auch nicht selber bewirkt.

Es muß also vorerst dargethan werden, daß alles mit Notwendigkeit geschehe, damit dann die Vorsehung das Zechen für diese Notwendigkeit sein könne. Wenn die Notwendigkeit nicht bestände, so könnte auch die Vorsehung kein Zeichen von ihr sein. Ein sicherer beweis, wirst du dann weiter sagen, kann aber nicht auf derartige bloße Zeichen und von außen hergenommene Argumente gestützt werden, sondern nur auf zusammenhängende, wirklich notwendige Gründe. Ja, wie ist es nun aber bei alledem denkbar, daß das, was bestimmt vorhergesehen wird, auch nicht eintreten könne?! Wir glauben doch einerseits nicht, daß die Ereignisse, deren Geschehen die Vorsehung im vorausgeschaut hat, nicht eintreten werden, andererseits sind wir ebensowenig der Ansicht, daß solche Ereignisse, wenn sie wirklich eintreten, allein durch die in ihnen wirkende Naturnotwendigkeit veranlaßt worden sind. Folgendes Beispiel mag dies noch deutlicher zeigen: wir sehen doch viele Dinge sich vor unseren Augen vollziehen, wir sehen z.B. die Thätigkeit der Rosselenker auf dem Wagen, wie sie das Gespann leiten und es ausbiegen lassen; und viele ähnliche derartige Dinge. Wird nun irgend eins derselben völlig durch die Notwendigkeit in seinem Verlaufe bestimmt?«

»Gewiß nicht,« sagte ich. »Alle Geschicklichkeit wäre ja ohne Zweck und Wirkung, wenn alles gezwungen seinen Gang ginge!«

»Was also bei seinem Geschehen nicht notwendig war,« fuhr sie fort, »das war auch vorher schon zukünftig, ohne deswegen auch notwendig zu sein. Es giebt also zukünftige Dinge, deren Eintreten von jeder Notwendigkeit völlig frei ist. Niemand wird doch behaupten, daß jetzt thatsächlich geschehende Dinge früher nicht zukünftig gewesen seien. Solche Dinge haben also, auch wenn sie vorhergesehen werden, dennoch Freiheit in ihrem Geschehen. Denn ebensowenig wie das Wissen von gegenwärtigen Dingen für das, was jetzt geschieht, so bewirkt auch das Vorherwissen der Zukunft keine Notwendigkeit für die zukünftigen Ereignisse.

Nun wirst du allerdings sagen, daß ja gerade dies bezweifelt werde, ob es von Dingen, deren Eintreten zweifelhaft sei, überhaupt ein Vorherwissen geben könne. Es scheint dir dies ein Widerspruch zu sein und du glaubst, daß aus dem Vorherwissen auch die Notwendigkeit des Eintreffens folgen müsse, daß ohne Notwendigkeit kein Vorherwissen bestehen, und daß wahres Wissen immer nur etwas ganz Bestimmtes erfassen könne. Wenn aber Dinge, deren Geschehen ungewiß ist, als ganz bestimmt vorausgesehen werden, so sei dies nur eine unsichere Vermutung und kein wahres Wissen. Mit der Reinheit wirklichen Wissens sei es unvereinbar, daß dasselbe eine Sache anders auffasse, als wie sich diese thatsächlich verhalte.

Diese ganze Ansicht ist aber irrtümlich und zwar deshalb, weil sie davon ausgeht, daß alles, was man weiß, nur nach der Natur und dem Wesen des Gewußten selber erkannt wird. In Wahrheit ist aber gerade das Gegenteil der Fall, denn alles, was erkannt wird, wird nicht nach seinem eigenen Wesen, sondern vielmehr nach der geistigen Veranlagung des Erkennenden aufgefaßt. Um dies an einem einfachen Beispiel klar zu machen: dieselbe runde Gestalt eines Körpers wird durch das Gesicht anders als durch den Tastsinn erkannt. Ersteres erfaßt und umfaßt aus der Entfernung mit einem Blicke das Ganze. Letzterer tritt an das Objekt selbst heran und indem er sich von ringsher an dasselbe anschmiegt, erkennt er durch die Gesamtheit der einzelnen Berührungen die Rundung der Form.

Auch der Mensch selbst erscheint den Sinnen anders als der Einbildungskraft, noch anders dem Verstande, noch anders endlich der unmittelbar anschauenden Vernunft. Die Sinne nämlich erkennen die Gestalt in der sie bildenden Materie, die Einbildungskraft aber als solche, ohne diese Materie; darüber hinaus aber geht der Verstand und faßt die einzelnen Erscheinungen zu einer Gesamtheit zusammen. Noch vollkommener aber ist die Anschauung der reinen Vernunft. Diese bildet nicht erst induktiv eine Gesamtheit, sondern die schaut unmittelbar durch die ungetrübte Kraft des Geistes die einfache Idee des Menschen an sich.

Hierbei ist aber noch eines höchst beachtenswert: die höhere Art und Form der Auffassung umfaßt nämlich auch die niedere, diese kann sich aber niemals zu jener erheben. Die Sinne können niemals etwas anderes als die Materie, die Einbilbungskraft kann nie den aus der Allgemeinheit gewonnenen Begriff, der Verstand aber niemals die einfache Idee selbst erfassen. Die reine Vernunft dagegen Schaut gleichsam aus der Höhe herab, und wenn sie die Idee einmal erfaßt hat, so erkennt sie auch alles ihr Untergeordnete und zwar auf eben dieselbe Weise, wie sie auch die von keinem sonst geschaute Idee selbst erkannt, hatte.

Denn auch den allgemeinen Begriff des Verstandes, die stofflosen Gestalten der Einbildungskraft und die sinnliche Materie erkennt sie nicht durch eben den Verstand, die Einbildungskraft und die Sinne, sondern mit einem einzigen Blicke des Geistes, sozusagen ideell, erfaßt sie das Ganze. Ebenso erkennt auch der Verstand, wenn er den allgemeinen Begriff eines Dinges erfaßt hat, zugleich auch das Vorstellbare und das Sinnliche dieses Dinges ohne Einbildungskraft und ohne die Sinne. Er faßt nämlich seinen allgemeinen Begriff so: der Mensch ist ein auf zwei Beinen gehendes, vernunftbegabtes Lebewesen. Dies ist nun zwar ein allgemeiner Begriff aber jeder weiß sofort, daß ihm ein vorstellbares und sinnlich wahrnehmbares Objekt zu Grunde liegt, das der Verstand nicht durch die Einbildungskraft oder die Sinne, sondern durch Begriffliches erkennen aufgefaßt hat. Auch die Einbildungskraft, die allerdings auf den Sinnen beruht, mittelst deren wir anschauend oder tastend die Gestalten erkennen: auch sie erkennt das Sinnliche nicht durch Sinnliches Erfassen, sondern einzig und allein durch die Vorstellung.

Siehst du nun ein, wie beim Erkennen die Erkennenden mehr nach ihrer eigenen Art und Anlage die Dinge erfassen, als nach der Natur dieser letzteren selbst? Und das hat auch seinen guten Grund! Denn da jedes Urteil ein Thätigwerden des Urteilenden ist, so muß dieser seine Thätigkeit doch notwendigerweise durch seine eigene Kraft und nicht durch eine fremde erfüllen!

Trüb und dunkel erscheint uns jetzt
jener stoischen Greise Wort:
daß sich alles Empfinden nur,
alle Bilder, von außen her
prägen uns in den Geist hinein,
wie mit eilendem Griffel oft
auf geglätteter Tafel Plan,
der noch nimmer empfing die Schrift,
Zeichen bildet der Druck der Hand.
Doch wenn eigene Kräfte nichts
zeigen könnten dem Menschengeist,
wenn er immer geduldig nur
müßt' empfangen von außen her,
wiedergeben, ein Spiegel nur,
leere Bilder der Wirklichkeit:

woher kämen dem Menschengeist
allumfassende Kräfte dann,
der das Einzelne klar durchschaut,
der zergliedert Erkanntes auch,
dann es wieder vereint erfaßt?!
Wechselnd wählt er die Wege sich:
Hebt zum Himmel das Haupt empor,
steigt hinab in der Erde Schoß,
zieht sich dann in sich selbst zurück,
weist am Wahren das Falsche nach.
So ist immer des Menschen Geist
machtvoll thätig und nimmt fürwahr
nicht bloß duldend den Eindruck auf,
den der äußere Stoff bewirkt.
Zwar den lebenden Körper trifft,
ihm erregend des Geistes Kraft,
stets ein äußerer Eindruck erst:
wenn das Auge das Licht erblickt,
wenn zum Ohre die Stimme dringt
Dann des Geistes erregte Kraft
weckt bewegend im Herzen auf
gleichgestimmter Ideen Schar,
prüft nach ihnen das äußre Ding,
reiht das neu gefundene Bild
ein in die Schätze des Geistes!

Wenn also in dieser Weise bei der Wahrnehmung körperlicher
Gegenstände, obgleich zunächst nur außer uns liegende Eigenschaften
derselben auf unsere Sinne wirken und dem Thätigwerden unserer
Geisteskräfte ein auf den Körper gemachter Eindruck vorausgeht, der
die Thätigkeit des Geistes auf sich richtet und die bisher im Innern
schlummernden Ideen erweckt: ich sage, wenn bei einer solchen
Wahrnehmung körperlicher Gegenstände der Geist nicht direkt von
außen affiziert wird, sondern von sich aus, aus eigener Kraft über die
auf den Körper ausgeübten eindrücke urteilt: wieviel mehr wird dann
noch ein von aller körperlichen Einwirkung ganz freies Wesen in
seinen Urteilen nicht an die äußeren Objekte gebunden sein und eine
freiere Bethätigung seines Geistes entfalten!

Es ist in dieser Weise den verschiedenen Wesen auch ein vielfach abgestuftes Erkenntnisvermögen zu teil geworden. Nur die Sinne allein, ohne alle anderen Erkenntnismittel, besitzen die unbeweglichen Geschöpfe, wie z.B. die Muscheln des Meeres und alle diejenigen Gebilde, die an den Felsen festgewachsen leben. Die Einbildungskraft würde den beweglichen Tieren beschieden, bei denen wir schon bestimmte Seelische Regungen, finden, kraft deren sie das eine fliehen, das andere aber begehren. Verstand besitzt nur das Menschengeschlecht und die höchste Vernunft endlich ist allein der Gottheit eigen. Dabei ist nun diejenige Erkenntnis den anderen überlegen, die ihrer Natur nach nicht nur das ihr speciell, sondern auch das den übrigen Erkenntnisarten Zugängliche erfaßt.

Wie wäre es nun aber, wenn z.B. die Sinne und die Einbildungskraft sich gegen den Verstand erhöben und dem Allgemeinen, das jener zu schauen vorgiebt, die Wirklichkeit absprächen? Wenn sie sagten: was sinnlich wahrnehmbar und vorstellbar ist, das kann nichts Allgemeines sein. Hätte also der Verstand recht, so würde das Sinnliche gar nicht wirklich existieren. Da es aber unbestreitbar ist, daß es gar vielerlei Sinnliches und Vorstellbares giebt, so sind die Begriffe des Verstandes völlig leer, da sie das konkrete, sinnlich wahrnehmbare Einzelding als etwas; Allgemeines, als einen bloßen Begriff auffassen. – Wenn nun der Verstand darauf antwortete, daß er auch das Sinnliche und Vorstellbare in seinen allgemeinen. Begriffen mit begreife, daß aber jene anderen Erkenntnisarten sich gar nicht zu der Erfassung des Allgemeinen erheben könnten, da eben ihr Erkenntnisvermögen nicht übersinnliche Erscheinungen hinauskomme, daß man sich aber doch jedenfalls bei der Erkenntnis der Dinge, immer an das zuverlässigere und vollkommenere Urteil halten müsse: würden dann wir, denen sowohl die Kraft des Verstandes als auch die Einbildungskraft und die sinnliche Wahrnehmung gegeben ist, uns in diesem Streite nicht viel eher auf die Seite des Verstandes als auf die seiner Gegner stellen müssen?! Ähnlich ist es nun aber, wenn der menschliche Verstand glaubt, daß die göttliche Vernunft die zukünftigen Dinge nur in derselben Weise, wie er selbst, anzuschauen vermöge. Du folgerst nämlich so: Diejenigen Dinge, deren Eintreffen nicht sicher und notwendig ist, können auch nicht bestimmt vorausgesehen werden.

Von diesen Dingen kann es also kein Vorherwissen geben, denn dann müßte eben alles mit Notwendigkeit eintreten. – Wenn wir aber, wie des Verstandes, so auch der höchsten göttlichen Einsicht teilhaftig werden könnten, dann würden wir, ebenso wie wir die Einbildungskraft und die Sinne dem Verstande unterordnen, ebenso das Zurücktreten des Verstandes gegenüber der göttlichen Vernunft für durchaus gerecht erachten. - Könnte sich unser Verstand also auf die Höhe jener unfehlbaren Einsicht erheben, so würde er von dort aus sehen, was er durch sich selber nicht zuerkennen vermag, daß es nämlich auch von Dingen, deren Geschehen ungewiß ist, doch ein sicheres und bestimmtes Voraussehen, geben kann und daß diese Voraussicht keine bloße Meinung oder Ahnung ist, sondern ein unmittelbares und von keinerlei Schranken begrenztes Wissen!

Sind doch die Formen der Wesen so mannigfach
hier auf unser Erde!
Lang und gestreckt ist der Körper von einigen,
dichten Staub erregend,
Zieht mit der Brust eine ununterbrochene
Furche durch den Boden.
Andere schweben mit flüchtigen Fittichen
droben mit den Winden,
Heben sich leichteren Fluges noch über des
Äthers weite Räume.
Andere schreiten und pressen die lastende
Sohle tief ins Erdreich;
Diese durchschweifen die Felder als Wanderer,
jene dichte Wälder. –
Diese Geschöpfe die allerverschiedensten
Formen zwar besitzen,
Doch es beschränkt das zur Erbe gerichtete
Antlitz ihre Sinne!
Einzig das Menschengeschlecht mit erhobenem
Haupte vorwärts schreitet!
Leicht ihm und aufrecht erhebt sich der Körperbau,
achtet nicht der Erde.
Diese Gestalt, wenn du nicht in den irdischen
Fesseln thöricht schmachtest,
Mahnt, wie das Antlitz erhebst und die Stirne du

frei empor zum Himmel,
So die Gedanken zu richten aufs Höhere,
daß nicht tief am Boden
Liege dein göttlicher Geist, da der Körper doch
stolz und aufrecht schreitet!

»Da also,« fuhr sie fort, »alle Gegenstände unseres Wissens, wie soeben gezeigt ist, nicht nach ihrer eigenen, sondern nach der Natur der sie Erkennenden aufgefaßt werden, so wollen wir jetzt, soweit uns dies möglich ist, die Natur des göttlichen Wesens zu erkunden suchen, damit wir damit zugleich auch erfahren, welcher Art das göttliche Wissen sei.

Nun ist aber doch von alten mit Verstand begabten Menschen anerkannt, daß Gott ewig sei, und wenn wir demnach jetzt den Begriff der Ewigkeit klarzustellen suchen, so wird sich aus ihm dann auch über das göttliche Wesen und das göttliche Wissen das Richtige ergeben. Ewigkeit ist aber der unbeschränkte, das Ganze zugleich umfassende vollkommene Besitz des Lebens, was durch eine Vergleichung mit den zeitlichen Dingen noch deutlicher werden wird. Was nämlich in der Zeit lebt, das geht, jetzt gegenwärtig, aus der Vergangenheit in die Zukunft hinüber, und es giebt nichts Zeitliches, das die ganze Ausdehnung seines Lebens zugleich umfassen, sein ganzes Leben gleichzeitig leben könnte. Vielmehr hat es in jedem Moment das Morgen noch nicht erreicht, das Gestern schon wieder verloren, und auch in dem heutigen sehen lebt man eben nur in dem jeweiligen einen, vorübergehenden, flüchtigen Augenblick, Ein Ding also, das den Gesetzen des zeitlichen Verlaufs unterworfen ist, wenn es auch, wie Aristoteles dies von der Welt behauptet, nie begonnen hat zu sein und nie aufhören wird und im unendlichen Verlauf der Zeit immer weiter lebt: es ist darum doch noch nicht so beschaffen, daß es mit Recht als ewig bezeichnet werden könnte. Denn wenn sein sehen auch von unendlicher Dauer ist, so umfaßt und lebt es doch nicht dieses ganze Leben gleichzeitig, sondern das in der Zukunft liegende begreift es noch nicht in sich.

Ewig wird dagegen mit Recht dasjenige genannt, was die ganze Fülle des unendlichen Lebens *zugleich* umschließt und besitzt, so daß nichts Zukünftiges sich ihm entzieht und nichts Vergangenes ihm schon wieder verloren ging. Ein solches Wesen muß sich seiner selbst in seinem ganzen Umfang allzeit bewußt und teilhaftig, sich selbst in jedem Augenblick vollkommen gegenwärtig sein. Die ganze Unendlichkeit der ablaufenden Zeit ist für ein solches Wesen Gegenwart! Daher sind diejenigen im Unrecht, die sich auf das Wort des Platon stützen, daß diese Welt leinen Anfang gehabt habe und auch kein Ende haben werde, und die deshalb die erschaffene Welt für gleich ewig mit ihrem Schöpfer halten. Ein Anderes nämlich ist es, ein unbegrenzt dauerndes Leben zu führen, wie dies Platon von der Welt behauptet, ein Anderes aber ist es, die unbegrenzte Dauer des Lebens gleichzeitig zu leben und sie zu einer einheitlichen Gegenwart zusammenzufassen, wie dies offenbar im Wesen des höchsten Geistes liegt. Nicht mit Rücklicht auf zeitliche Dauer darf Gott als der Schöpfung vorausgehend angesehen werden, sondern nur auf Grund seines ureigenen, einfachen Wesens!

Diese Allgegenwart des ganzen beweglichen Lebens sucht nun jener unendliche Wechsel der zeitlichen Dinge nur nachzuahmen, und da er sie nicht wirklich nachbilden und ihr nicht gleichkommen kann, so ist statt des ständigen Beharrens die Bewegung sein Los und statt der einfachen Gegenwart eine endlose Vergangenheit und Zukunft!

Da das Irdische ferner die ganze Fülle seines Lebens nicht mit einemmal besitzen kann, so sucht es den Zustand, den es vollkommen nicht zu erreichen und zu verwirklichen vermag, doch dadurch nachzuahmen, daß es ebenfalls in gewisser Weise nie zu sein aufhört, indem es sich an die – wenn überhaupt so zu bezeichnende Gegenwart dieses einzigen, flüchtigen Augenblicks anklammert; und diese Gegenwart, die ja gleichsam ein Abbild sein soll jener steten Allgegenwart, verleiht den Dingen, die sie jeweilig umfaßt, den Schein des wirklichen Seins.

Da also das irdische nicht zu beharren vermag, so beschreitet es den unendlichen Weg der Zeit und so geschieht es, daß es im fortschreiten die Dauer des Lebens bewirkt, das es im Beharren nicht in seiner ganzen Fülle gleichzeitig umfassen konnte. Wenn wir die Dinge also mit ihrem rechten Namen nennen wollen, so müssen wir, nach Platons Ausspruch, Gott als ewig, die Welt aber als unbegrenzt dauernd bezeichnen!

Da nun aber jedes Urteil die Dinge, auf die es sich richtet, nur nach der eigenen Natur des Urteilenden erkennt, und da Gott seiner Natur nach ewig und allgegenwärtig ist, so geht auch das göttliche Wissen über alle zeitliche Bewegung hinaus und hat nur eine einzige, einfache

Gegenwart. Es umfaßt also auch die unendlichen Räume der Vergangenheit und der Zukunft und schaut in seiner einfachen Erkenntnis alles, als ob es gerade jetzt gegenwärtig geschehe. Willst du diese Gegenwärtigkeit, in der Gott alles zugleich erkennt, richtig, begreifen, so darfst du sie nicht als ein Vorherwissen künftiger Dinge, sondern nur als ein Wissen des allzeit Gegenwärtigen auffassen. Ebenso sollte man demgemäß auch nicht von einem Vorausschauen, sondern nur von einem ›Schauen‹ schlechthin reden, das machtvoll erhaben über alle niederen Dinge wie von einer hohen warte herab das All überblickt!

Kannst du nun etwa noch behaupten, daß dasjenige, was vom Auge der Gottheit geschaut werde, darum auch notwendig geschehen müsse, da doch auch die Menschen das, was sie sehen, dadurch nicht notwendig machen? Oder glaubst du etwa, daß dem Dinge, das du als gegenwärtig erkennst, eben dein Blick irgend welche Notwendigkeit beilegen könne?« – »Gewiß nicht!« – »Wenn wir also demnach die göttliche und die menschliche Gegenwart einmal miteinander vergleichen, soweit eine solche Vergleichung überhaupt zulässig ist, so ist zu sagen, daß, wie ihr Menschen gewisse bestimmte Dinge in eurer zeitlichen Gegenwart wahrnehmt, daß so Gott die Gesamtheit aller Dinge in seiner ewigen Allgegenwart schaut. Daher ändert das göttliche Vorher schauen oder vielmehr Schauen das Wesen und die Eigenheit der Dinge nicht, sieht sie vielmehr nur einfach so als gegenwärtige vor sich, wie sie in der Zeit als künftige geschehen werden. Unfehlbar und ohne jeden Irrtum in der Beurteilung erkennt er in einem einzigen geistigen Erfassen sowohl, was notwendig, als auch, was frei und willkürlich eintreffen wird. Es ist ebenso wie wenn ihr gleichzeitig einen Menschen auf der Erde lustwandeln und die Sonne am Himmel aufgehen seht: obgleich ihr beides zugleich erblickt, so macht ihr doch einen Unterschied und erkennt das eine als eine freiwillige Bewegung, das andere als einen notwendigen Vorgang. Ebenso hält auch Gott, der alles zugleich schaut, die verschiedenen Dinge sehr wohl auseinander, die ihm selber als gegenwärtig erscheinen, vom Standpunkte des Zeitablaufs aber erst in der Zukunft geschehen werden. Deshalb hat Gott aber auch keine bloße Meinung oder Ahnung, sondern ein auf vollkommenster Wahrheit beruhendes Erkennen, da er bei den Dingen, deren Dasein er wahrnimmt, auch sehr wohl weiß, wann seine Notwendigkeit für ihr eintreten vorgelegen hat.

Wenn du darauf nun doch noch sagst, es sei unmöglich, daß dasjenige, dessen künftiges Erscheinen Gott sieht, nicht geschehe, daß aber dasjenige, dessen Nicht- Eintreffen unmöglich ist, eben notwendig geschehen müsse, und wenn du mir dabei gerade das Wort Notwendigkeit durchaus aufzwingen willst, so werde ich darauf etwas erwidern, das zwar unbestreitbar wahr ist, das aber wohl nur ein treuer Erforscher des göttlichen Wesens verstehen wird. Ich antworte dir nämlich, daß dasselbe künftige Ereignis, mit Rücksicht auf die Kenntnis, die Gott von ihm hat, notwendig ist, seiner eigenen Natur nach aber vollkommen frei und ungezwungen geschieht. Es giebt nämlich zwei Arten von Notwendigkeit, die einfache, wie z.B. in dem Satz: ›Alle Menschen müssen notwendigerweise sterben‹, und eine bedingte, wonach es z.B. notwendig ist, daß ein Mensch, von dem du gewiß weißt, daß er spazieren geht, auch wirklich spazieren geht. Denn was jemand wirklich weiß, das kann natürlich nicht anders sein, als er es weiß, aber diese Bedingung bewirkt doch immer noch nicht jene andere einfache Notwendigkeit. Die zweite Art der Notwendigkeit liegt eben nicht in der eigenen Natur des betreffenden Vorgangs, sondern sie wird nur durch den Hinzutritt einer Bedingung bewirkt. Den freiwilligen Spaziergänger treibt doch keine zwingende Notwendigkeit zum Gehen, obgleich er natürlich dann, wenn er umherspaziert, notwendigerweise gehen muß. Ebenso muß auch das, was die Vorsehung als gegenwärtig schaut, notwendigerweise geschehen, wenn auch in seiner eigenen Natur keine Notwendigkeit dafür begründet ist. Nun sind aber dem göttlichen Geiste auch diejenigen zukünftigen Dinge gegenwärtig, die aus voller Freiheit des Willens hervorgehen. Diese sind also mit Rücksicht auf das göttliche Schauen notwendig, weil eben das Bedingtsein durch die Kenntnis, die Gott von ihnen hat, hinzukommt; an sich betrachtet behalten sie aber durchaus die volle Freiheit ihrer Natur. Es ist also zweifellos, daß alle Dinge, die Gott als künftige erkennt, auch wirklich geschehen, aber einige von ihnen treten eben auf Grund freier Willensentschließung ein und verlieren mit ihrer Verwirklichung noch nicht ihren eigenartigen Charakter, kraft dessen sie vor ihrem Eintreffen auch ebensogut hätten ungeschehen bleiben können.

Was hat das Nicht-notwendig-sein nun aber für einen Sinn, wenn auch nicht notwendige Dinge kraft der Bedingtheit durch das göttliche Wissen genau so, als ob sie notwendig wären, geschehen müssen? Es ist hierbei ebenso, wie mit den kurz vorher erwähnten Dingen, dem Wandeln des Menschen und dem Aufgehen der Sonne. In dem Moment, wo diese Dinge geschehen, ist es unmöglich, daß sie nicht geschehen, und dabei war das eintreten des einen auch schon vor seiner Verwirklichung notwendig, während dies bei dem anderen durchaus nicht der Fall war. Ebenso ist nun auch die Verwirklichung der von Gott als gegenwärtig geschauten Dinge über jeden Zweifel erhaben und doch sind die einen von ihnen sachlich notwendig, die anderen dagegen von der Willkür handelnder Menschen abhängig. Von diesen letzteren können wir also mit Recht sagen, sie seien mit Rücklicht auf die göttliche Allwissenheit notwendig, für sich betrachtet aber frei von allem Zwang der Notwendigkeit, ähnlich wie die durch die Sinne erkennbaren Gegenstände, vom Standpunkt des Verstandes aus aufgefaßt, gewisse allgemeine Begriffe verkörpern, an sich betrachtet aber nur Einzeldinge sind.

Nun wirst du vielleicht noch sagen: wenn es wirklich in meiner Macht steht, meine Vorsätze beliebig zu andern, so kann ich ja die Vorsehung zu schanden machen, indem ich das, was sie vorauszusehen glaubt, einfach willkürlich andere. Darauf erwidere ich dir: Es ist zwar richtig, daß du deine Vorsätze ändern kannst, aber da der allgegenwärtige, untrügliche Blick der Vorsehung eben auch erkennt, daß du dies kannst und auch ob du es wirklich thust und nach welcher Richtung hin deine Willensänderung sich wendet, so kannst du trotz alledem dem göttlichen Vorherwissen nicht entgehen, wie du ja auch dem Blick eines gegenwärtigen Auges nicht entgehen kannst, so mannigfache Handlungen, du auch aus freiem Willen vornehmen magst.

Was wirst du auf dies alles nun sagen? Glaubst du immer noch, daß das göttliche Wissen durch deine Willensbestimmungen verändert wird, in der Weise, daß sich mit den Änderungen deines Willens auch das göttliche Wissen jedesmal ändern muß? – Nein, ich sehe es, du glaubst es nicht mehr! Es eilt vielmehr das Schauen, der Gottheit allem künftigen Geschehen voraus: und versetzt es in die eine Gegenwart, die seine Erkenntnis völlig umfaßt. Es ändert sich: nicht, wie du meinst weil es bald dies, bald jenes vorherwissen müsse, sondern selber immer unverändert kommt es mit einem einzigen Blicke allen Veränderungen zuvor und umfaßt sie alle zugleich und miteinander!

Diese Gegenwärtigkeit des Erfassens und Schauens aller Dinge besitzt Gott nicht wegen der dereinstigen Verwirklichung des Zukünftigen, sondern lediglich kraft seines eigenen, einfachen Wesens. Damit lösen sich nun auch die Zweifel, die du vorhin äußertest, als du es für unwürdig erklärtest, unsere, zukünftigen Schicksale als Ursache der göttlichen Allwissenheit zu bezeichnen. Hat doch diese Kraft der Allwissenheit, die alles als gegenwärtig erkennt und umfaßt, selbst die Art der Erscheinung aller Dinge bestimmt, ist aber in keiner Weise ihrerseits von künftigen Ereignissen abhängig.

Somit bleibt also dem Sterblichen die ungehemmte Freiheit seiner Entschließungen gewahrt und es sind keine unbilligen Gesetze, die dem von jedem Zwang befreiten Willen Belohnungen und Strafen in Aussicht stellen. Bestehen bleibt auch die Gottheit in voller Kraft und Bedeutung, die aus der Höhe herab alles überschaut und alles vorausweiß, es bleibt auch die ewige Allgegenwart des göttlichen Schauens, dem auch unser künftiges Thun und Treiben immer gegenwärtig sein wird und kraft deren allzeit, gerecht den Guten Belohnungen, den Bösen aber Strafen zu teil werden. Nicht vergeblich sind die auf Gott gerichteten Hoffnungen und die zu ihm emporsteigenden Gebete, die nicht unerfüllt bleiben können, wenn sie Gerechtes erflehen und aufrichtig gemeint sind! Widersteht also dem Laster, übt immer die Tugend, erhebt die Seele in gerechter Hoffnung und richtet demütige Gebete zum Himmel empor!

Wollt ihr euch nicht absichtlich dagegen verschließen, so müßt ihr erkennen, daß in der That eine zwingende Notwendigkeit für euch besteht, euch dem Guten zuzuwenden, denn ihr lebt und ihr handelt vor den Augen eines allsehenden Richters!«

Biographie des Autors

Um 480 n. Chr. wurde Anicius Manlius Torquatus Severinus Boethius in Rom geboren. Er stammte aus einer der großen alten Senatorenfamilien. Mit kaum dreißig Jahren ernannte ihn der Ostgotenkönig Theoderich seiner ersten Schriften wegen zum Konsul. Später wurde er »Magister officiorum«, höchster Verwaltungsbeamter am weströmischen Hof. Der byzantinische Kaiser sah in ihm eine Schlüsselfigur seiner Interessen.

Diese politische Rolle stand mit den ihn eigentlich interessierenden philosophischen Fragen in Zusammenhang. Boethius stellte sich in die Nachfolge Ciceros und wollte wie dieser das griechische Geisteserbe an eine inzwischen römisch geprägte Welt überliefern und dadurch bewahren. Er übersetzte oder kommentierte logische Schriften: »Kategorien«, »De interpretatione« des Aristoteles, die »Eisagoge« des Porphyr, die »Topik« Ciceros. Auch verfaßte er zwei Abhandlungen über Musik und Arithmetik und theologische Traktate, außerdem »De consolatione philosophiae« (Trost der Philosophie). Dabei verstand er sich stets als Christen und war von neuplatonischen Strömungen geprägt.

Die politische Rolle wurde ihm schließlich zum Verhängnis. Aus nicht genau geklärten Gründen ließ Theoderich ihn verhaften, nach Pavia deportieren und dort um 524 nach längerem Arrest hinrichten.